Alua Dumysheva

Ideologia do Tennoísmo - O Poder Imperial no Japão Moderno

Alua Dumysheva

Ideologia do Tennoísmo - O Poder Imperial no Japão Moderno

ScienciaScripts

Cover image: www.ingimage.com

This book is a translation from the original published under ISBN 978-3-659-85179-7.

Publisher:
Sciencia Scripts
is a trademark of
Dodo Books Indian Ocean Ltd. and OmniScriptum S.R.L publishing group

120 High Road, East Finchley, London, N2 9ED, United Kingdom
Str. Armeneasca 28/1, office 1, Chisinau MD-2012, Republic of Moldova, Europe
Printed at: see last page
ISBN: 978-620-8-35006-2

Índice

Uma palavra de agradecimento...

Quero expressar a minha gratidão a todas as pessoas que me ajudaram e apoiaram no meu esforço. Um agradecimento especial ao meu orientador, Doutor em Ciências Históricas, Professor Anuar Abitaevich Galiev, pelo seu incrível apoio no processo do meu trabalho de investigação. Sob a sua forte orientação e profissionalismo, foi publicada a minha monografia anterior "Imagem da Coreia do Sul e do Japão no território da República do Cazaquistão: um aspeto comparativo".

Dicionário de terminologia

國體?, 国体**Kokutai** (japonês: "Corpo da Nação", em caracteres modernos -) é uma construção ideológica, um conjunto de ideias que constituem a identidade nacional dos japoneses. A sua origem remonta ao período Edo, quando o filósofo Aizawa Seishisai formulou a ideia básica de kokutai como uns laços inquebráveis entre o imperador japonês e os seus súbditos, laços esses que, segundo o filósofo, constituíam o "corpo da nação". Mais tarde, o conceito de "kokutai" foi alargado para incluir tudo o que os japoneses consideravam ser caraterísticas únicas da sua nação, como a religião (xintoísmo), a estrutura do Estado, o espírito militar (bushido), etc. Durante o período Shōwa, quando as forças militaristas e parafascistas de direita se tornaram activas no país, o kokutai foi utilizado como propaganda estatal que afirmava tanto as profundas diferenças dos japoneses em relação a todas as outras nações como a superioridade japonesa sobre elas. Após a derrota do Japão na Segunda Guerra Mundial, a popularidade do kokutai como instrumento de propaganda estatal diminuiu significativamente. *Klaus J. Antoni.* Shinto und die Konzeption des Japanischen Nationalwesens, Kokutai. - BRILL, 1998. - 426 c. - ISBN 9789004103160.

Tenno (japonês: soberano celestial), título de um imperador japonês. Na literatura, especialmente fora do Japão, o termo mikado também é utilizado. Dicionário Enciclopédico http://www.vedu.ru/bigencdic

Shogun - título dos governantes do Japão em 1192-1867, sob os quais a dinastia imperial foi privada do poder real. Houve três dinastias de Shogun no total: Minamoto (1192-1333), Ashikaga [1335(1338)-1573], Tokugawa (1603-1867). Dicionário Enciclopédico http://www.vedu.ru/bigencdic

Shogunato - o governo dos Shoguns no Japão de 1192-1867. Era também chamado bakufu. Dicionário Enciclopédico http://www.vedu.ru/bigencdic

Kojiki - Registos de actos antigos

天照大神**Amaterasu** (japonês: amaterasu o:mikami?, "a grande divindade que ilumina os céus") é uma deusa do sol, uma das principais divindades do panteão xintoísta japonês e, segundo as crenças xintoístas, a antepassada da família imperial japonesa. Acredita-se que o primeiro imperador Jimmu era o seu bisneto. 高天原?`Regente dos Campos Celestiais Takamagahara (Jap.). Segundo a lenda, no passado, o Imperador Shōmu teve dificuldade em terminar o Grande Templo Oriental de Todaiji e a grande estátua de Buda Vairochana. Quando pediu ajuda a Amaterasu, através do milagreiro Gyōchi, dos séculos VII e VIII, a deusa respondeu-lhe que ela era o Buda Vairochana. No entanto, esta lenda terá surgido muito mais tarde do que os factos que descreve, uma vez que as primeiras menções à mesma datam da segunda metade do século XIII[1]. AMATERASU // Japão de A a Z. Enciclopédia popular ilustrada. (CD-ROM). - Moscovo: Directmedia Publishing, "Japan Today", 2008. - ISBN 978-5-94865190-3.

Introdução

Relevância do tema de investigação. A relevância deste trabalho é determinada pelo facto de o mundo ser cada vez mais abalado pelas tendências de descontentamento da população em relação às políticas económicas, sociais e por vezes culturais da governação do país. E como consequência, estes descontentamentos provocam consequências irreversíveis para o Estado, desestabilizando a situação política, económica e social do país. Por conseguinte, é urgente encontrar uma solução para estes problemas, que impedem o desenvolvimento do país. E o Japão, como país com um sistema político, social e económico bastante estável, atrai a atenção não só pelo seu sucesso no domínio da economia, do progresso científico e tecnológico, mas também pela sua originalidade, originalidade e riqueza espiritual especial.

O Japão é um Estado mono-nacional e o nacionalismo japonês é uma construção ideológica específica criada há muito tempo pelas elites governantes para satisfazer as necessidades internas e externas da nação e os seus interesses específicos. O que é a ideologia? A ideologia é um sistema de pontos de vista, ideias que caracterizam um grupo social, uma classe, um partido político, uma sociedade. O Estado emerge e preserva a sua identidade, antes de mais, graças à ideologia do Estado. O poder do Estado é reforçado precisamente pela unidade ideológica, pela reflexão sobre a linha estratégica. Os recursos naturais, as oportunidades económicas, as forças armadas, o sistema político - tudo isto pode trazer mais sucesso e benefícios se houver uma linha estratégica unificada do Estado. É a ideologia do Estado que determina a estratégia de desenvolvimento. A própria formação de um Estado é impensável sem a criação de uma nova ideologia correspondente a esse Estado. Só com base na ideologia do Estado é que o papel unificador na sociedade pode ser desempenhado pela personalidade do líder, a figura política que cria o Estado, a elite da sociedade.

A ideologia de Estado é definida como um sistema de visão do mundo, valores políticos, morais, económicos e religiosos partilhados e aceites pela maioria da sociedade. Existe sempre um núcleo interno que assegura a unidade nacional ao longo dos séculos. A ideologia do Estado permite assegurar a estabilidade interna, a coesão do povo num todo único para atingir os objectivos estratégicos do Estado. Além disso, a ideologia do Estado cria um clima espiritual e moral especial na sociedade, influencia a consciência e os sentimentos das pessoas, o seu comportamento, a sua atitude em relação às autoridades, as relações interétnicas e interconfessionais e as relações entre os estratos sociais. A presença de uma ideologia de Estado na sociedade dá aos cidadãos um sentimento de envolvimento no desenvolvimento do país, independentemente da sua nacionalidade, religião e estatuto social. Para além disso, a ideologia do Estado deve corresponder à mentalidade do povo, vir das profundezas do povo, basear-se nas tradições de valores espirituais, princípios de vida, modo de vida do povo. É o que acontece no Japão. As autoridades japonesas, activando hoje as ideologias do tennoísmo e do nacionalismo de Estado, "falam" à sociedade, a partir de posições positivas, sobre a singularidade especial da nação japonesa, sobre o seu enorme potencial criativo, bem como sobre as tarefas das autoridades para a preservar e melhorar. Ao mesmo tempo, a elite dirigente do Japão dá sempre a entender cuidadosamente à nação que a sua sobrevivência no ambiente hostil do mundo no século XXI só é possível através da união dos esforços colectivos de todos os japoneses "sob a liderança do Imperador e do Estado" para defender a independência e a soberania do país e para cumprir as tarefas prioritárias do desenvolvimento nacional. A estrutura de uma tal ideologia poderia tornar-se um excelente exemplo ilustrativo para Estados jovens e recentemente independentes. Em particular, para o Cazaquistão, uma vez que o nosso país, como todos os países pós-comunistas, sofreu o colapso da ideologia e está agora a procurar intensamente uma ideia nacional para consolidar a nação. Na procura de uma ideia, estão a voltar-se para a experiência dos países ocidentais e orientais e para os valores tradicionais. Em nossa opinião, a experiência do Japão, e do tennoísmo em particular, deve ser estudada. Não se trata de adotar o sistema político do Japão na sua totalidade, mesmo com um grande desejo, isso não será possível. Trata-se da especificidade da posição de vida desta nação. O espírito corporativo, o desejo de fazer tudo para o bem do país, porque o país são as pessoas, ou seja, elas fazem para o bem delas próprias, pensando no futuro. Afinal, à primeira vista, é surpreendente como um Estado tão forte com um território tão pequeno consegue manter a sua indústria e economia no topo, e ainda ser capaz de preservar a sua originalidade nacional, a sua natureza espantosa, etc. Os japoneses estão habituados a usar tudo de forma racional, em tudo tentam chegar ao ideal. E a ideologia do Tennoísmo desempenhou um papel enorme no carácter japonês. Devemos adotar estes valores humanistas na nossa sociedade. Afinal de contas, através da ideologia do tennoísmo, o governo japonês consegue manter a estabilidade nas esferas política, económica, social e cultural do Estado.

O objetivo deste artigo é investigar a ideologia do Tennoísmo, que contribuiu para o estabelecimento de um sistema político estável no país.

Em conformidade com este objetivo, foram fixados os seguintes objectivos:

1 Analisar a ideologia do Tennoísmo.

2 Examinar a influência da religião na formação da ideologia.

3 Examinar a ideologia do Tennoísmo como política nacional do Estado.

4 Com base nos dados obtidos, identificar as caraterísticas do sistema político moderno.

Objeto e tema do estudo.

O objeto do estudo é a sociedade japonesa.

O tema do estudo é a ideologia do Tennoísmo como um fator fundamental na formação do sistema político moderno do Japão.

Metodologia. De acordo com a teoria modernista, é no período de modernização que o Estado e as elites dirigentes mobilizam e unem a nação com a ajuda de uma nova ideologia nacionalista, geralmente mais agressiva e ofensiva do que a anterior. E isto é feito para facilitar a adaptação e a manutenção no novo sistema de relações internacionais, uma permanência estável no qual, por norma, está associada a novos desafios e ameaças à sobrevivência da nação. Ao definir o nacionalismo em geral, Max Weber sublinhou uma vez, e bem, na nossa opinião, que o nacionalismo é uma ideologia criada pelas autoridades para a sociedade e que lhe oferece a sua "história" sobre a "boa" nação, as suas relações com o Estado e com os outros países

Método de investigação. O tema deste estudo é de natureza interdisciplinar e encontra-se na intersecção de várias ciências: ciência política, história, psicologia, teoria da ideologia. A natureza interdisciplinar do trabalho predeterminou a necessidade de utilizar os princípios básicos das abordagens sistémica, institucional e estrutural-funcional na análise dos elementos ideológicos dos processos políticos. No trabalho de tese são aplicados principalmente os princípios dos métodos de investigação sócio-analíticos, histórico-culturais e comparativos.

A novidade do tema de investigação é determinada pelo facto de representar a primeira tentativa na ciência nacional de considerar a influência da ideologia do Tennoísmo no sistema político, na consciência pública e na vida cultural do povo japonês.

A base de fontes para este trabalho foram as seguintes obras: fontes mitológicas sobre a origem da casa imperial, a constituição do Japão, documentos oficiais, meios de comunicação electrónicos e impressos (materiais de publicações de jornais, sítios Web).

O grau de estudo do tema.

O tema deste estudo é de natureza multidimensional, o que determinou a necessidade de estudar e comparar material extenso de natureza normativa e doutrinal. Os académicos da Rússia e da Ásia Central têm-se debruçado repetidamente sobre os problemas relacionados, de uma forma ou de outra, com a instituição do poder imperial no Japão. T.G. Sila-Novitskaya, em particular, estudou a história do desenvolvimento do culto do imperador no Japão e escreveu uma monografia que traça a história do culto do imperador desde a antiguidade até aos nossos dias, examina o dogma e a evolução da doutrina do monarquismo e analisa o culto do imperador no Japão moderno. O livro ajuda a compreender melhor as origens e as peculiaridades do nacionalismo japonês, o mecanismo de interação entre a ideologia oficial e a consciência das massas. As religiões também desempenharam um papel importante na formação da ideologia do povo japonês, que mais tarde influenciou a estrutura política do país. E.V. Molodiakova estudou o modelo japonês de vida religiosa nas suas obras. Nos seus trabalhos, afirma que a formação do sistema político do país foi influenciada por três grandes religiões: xintoísmo, confucionismo e budismo.

Os nossos académicos nacionais, em particular os japoneses, chamaram repetidamente a atenção nos seus trabalhos para a estrutura do sistema político e da administração pública do Japão. N.J. Shaimardanova, nas suas obras, analisa a formação do sistema político do Japão desde o período do pós-guerra até à atualidade. E como o objetivo do trabalho de diploma é estudar a experiência estrangeira de formação do Estado para os Estados recém-independentes, como o Cazaquistão, foram estudados os materiais do KISI sob a direção do Presidente da RK, em particular o livro "Reformar o sistema de administração pública: experiência estrangeira e o Cazaquistão". Este livro é dedicado a problemas actuais de desenvolvimento do sistema de administração pública do Cazaquistão. O livro analisa a experiência estrangeira em matéria de funcionamento do sistema de administração pública e apresenta as principais abordagens para a continuação da reforma do sistema de administração pública no Cazaquistão. Também foram estudados e analisados os trabalhos de B.V.Pospelov, que considera que uma das caraterísticas importantes do funcionamento do Estado no Japão é uma atividade ideológica ativa destinada a preservar a base ideológica e política do sistema capitalista.

Apesar da abundância de estudos dedicados ao processo político e à influência dos factores ideológicos sobre o mesmo, a literatura de investigação moderna é dominada, com algumas modificações, por uma abordagem na interpretação das fontes do processo político, que se reduz a entender o processo político como condicionado quase exclusivamente por factores objectivos e principalmente económicos. A limitação desta abordagem reside no facto de ignorar efetivamente a componente subjectiva da política enquanto atividade não diretamente relacionada com interesses económicos e, em última análise, nivelar a ideia de livre arbítrio na política. As noções de determinismo externo "objetivo" dos processos políticos são inerentemente anti-humanistas. Além disso, não são capazes de explicar adequadamente uma série de fenómenos da vida política na sociedade moderna. Isto inclui as bases ideológicas e de valores da política. A compreensão moderna da relação entre o processo político e a ideologia implica a necessidade de aplicar outros esquemas conceptuais para analisar estes fenómenos.

Cronologia do tema de tese: do século VII d.C. até à atualidade

Aprovação do trabalho. Este trabalho foi aprovado na coleção de trabalhos de estudantes, licenciados e crianças em idade escolar, dedicada ao 20.º aniversário da República do Cazaquistão e ao 70.º aniversário da KazUMOIMYA com o nome de Abylai Khan "Somos patriotas do Cazaquistão, vamos construir o futuro juntos" (Almaty, 2012). Além disso, este trabalho foi testado na revista para estudantes publicada pelo Departamento de Culturas e Civilizações Mundiais da Faculdade de Estudos Orientais "Orient.kz".

Estrutura do trabalho. O trabalho de investigação é composto por uma introdução, dois capítulos, uma conclusão, apêndices e uma lista de referências.

Capítulo 1: A ideologia como núcleo espiritual da sociedade

O Dicionário Explicativo dá a seguinte definição de ideologia "...é um sistema de opiniões, ideias que caracterizam um grupo social, uma classe, um partido político, uma sociedade."[1, p.236] Em princípio, de um ponto de vista científico, a definição é bastante exacta. E para a vida ideológica da sociedade japonesa, a formulação universal é bastante adequada, segundo a qual a ideologia é "um conjunto de doutrinas, teorias e avaliações relacionadas com os fenómenos da vida social e dadas a partir da posição de uma determinada classe, exprimindo os seus interesses e objectivos fundamentais e reforçando a sua posição social .... Com a ajuda da ideologia, avalia-se a atitude das pessoas em relação à realidade social e umas às outras, reflecte os problemas e as contradições sociais, bem como os programas de atividade destinados a preservar e desenvolver ou alterar as relações sociais existentes. A ideologia exprime-se nas opiniões jurídicas, políticas, morais, artísticas, religiosas e económicas existentes" [2, p.28]. Qualquer sociedade tem o seu próprio sistema de opiniões, ideias, formadas ao longo dos séculos, passando de geração em geração, o que a caracteriza como uma sociedade de pleno direito, que ajuda a acompanhar os tempos, sem perder a sua identidade, singularidade, sem esquecer as tradições, os costumes herdados dos antepassados. No mundo globalizado de hoje, é difícil preservar a nossa identidade, mas, em particular, os japoneses, ainda hoje, conseguem preservar e continuar a levar a sua cultura, tradições e costumes ao ritmo dos tempos. Criar algo novo e estar vários passos à frente dos seus contemporâneos sem perder o seu "eu" é considerado o mais alto nível de desenvolvimento de uma nação. É nisto que os japoneses se distinguem. A reverência pelos mais velhos, o dever de um filho para com o seu pai, de transmitir o melhor à sua geração - a sua singularidade perante o mundo, é o que caracteriza esta nação. É necessário prestar homenagem ao facto de, hoje, o país continuar a ser devoto da sua história, tratando-a também com reverência, tentando preservá-la e transmiti-la aos seus filhos e netos. Esta atitude em relação a tudo o que rodeia os japoneses depende da sua mentalidade, visão do mundo, mundividência, absorvida na sua consciência ao longo dos anos e séculos de existência. Com a penetração do Ocidente na terra do povo japonês, a vida quotidiana das pessoas mudou. O vestuário mudou: os quimonos foram substituídos por casacos europeus; o exército mudou de armas: as espadas dos samurais foram substituídas por pistolas e canhões; apareceram os caminhos-de-ferro, as pessoas começaram a viver de uma nova forma. Mas o que quer que tenha mudado à volta do japonês - a sua consciência e o seu espírito permanecerão os mesmos. E, atualmente, é a ideologia do Tennoísmo que ajuda a manter o povo japonês unido, sem esquecer as suas raízes, tradições e costumes.

1.1 A influência da religião na formação da ideologia japonesa

Durante milhares de anos da existência da humanidade, a religião tem sido o princípio organizador da sociedade. Trata-se de uma instituição social complexa, que absorveu toda a riqueza da vida popular, incluindo as crenças, a moral, o direito e a estética. A religião determina em grande medida os vectores do comportamento social das pessoas. Até hoje, em quase todas as sociedades, continua a ser uma componente essencial da sua atividade de vida, independentemente da economia e da política. Mas acontece que a religião se torna um instrumento obediente nas mãos das elites dirigentes, que não param de a utilizar para criar uma atmosfera de intolerância no interior do país e para provocar conflitos interestatais. No mundo atual, marcado por conflitos, as raízes de muitas lutas inter-étnicas residem no confronto entre religiões.

O panorama surpreendentemente alargado da vida religiosa no Japão moderno, onde todas as fés funcionam em plena harmonia, é talvez um dos poucos exemplos dignos de familiarização e estudo. De acordo com as estatísticas oficiais, o país tem 118 milhões de seguidores da religião nacional xintoísta, 96 milhões de budistas e 1,5 milhões de cristãos (o número de adeptos das chamadas novas religiões não pode ser determinado com exatidão), enquanto a sua população é inferior a 130 milhões. Este fenómeno, aparentemente paradoxal, pode ser explicado pelo facto de a maioria dos japoneses se considerar xintoísta e budista. Ambas as religiões coexistiram pacificamente no país durante séculos, dividindo entre si o ciclo da vida humana: o nascimento e a vida são segundo os cânones xintoístas, e os funerais - budistas.

Esta situação está relacionada com as peculiaridades da formação histórica da consciência religiosa japonesa. Num sentido lato, ela é imanente ao indivíduo e à nação como um todo. A religião como dogma pode desaparecer, mas o sentimento religioso é invulgarmente estável, elevando-se acima das formas e das correntes e, ao mesmo tempo, alimentado apenas pela riqueza da existência intelectual da sociedade. A atitude dos japoneses em relação à religião como valor moral é ambígua. No final dos anos 80, segundo as sondagens de opinião, a proporção de crentes de diferentes confissões atingia 35% da população. O elevado número de não crentes não pode, no entanto, ser entendido como uma falta de religiosidade. Essa impressão é criada se a abordarmos com normas eurocêntricas de crença num Deus único e na eternidade da alma. O reconhecimento da igualdade das duas religiões - Xintoísmo e Budismo, bem como dos ensinamentos morais e éticos do Confucionismo e do Taoísmo, na opinião dos europeus, indica a indiferença dos japoneses em relação à religião, além da sua descrença em geral.

No Japão, porém, nunca houve uma única organização religiosa que subordinasse e controlasse toda a vida humana. E a vida religiosa dos japoneses nunca esteve centrada numa só coisa. Cada família estava ligada a um santuário xintoísta no seu local de residência e estava afetada a um ou outro templo budista, de acordo com a tradição familiar. Assim, talvez se possa definir o xintoísmo como uma religião comunitária e o budismo como uma religião familiar. Muitos ritos religiosos eram efectuados em casa, no seio da família, sem a participação de clérigos. A família e o lar eram o centro da vida religiosa. Por isso, os japoneses têm a tradição de erguer altares nas suas casas - budistas (butsudan), que simbolizam a memória dos falecidos, e xintoístas (kamidana), que representam a gratidão para com as divindades. Desde a antiguidade, os japoneses participam na vida religiosa não como indivíduos, mas como uma família unida, ou seja, o grupo actua primeiro e depois o indivíduo. O chefe de um clã ou comunidade era simultaneamente um líder político e um clérigo, dirigindo todas as acções dos crentes.

A coexistência de religiões foi postulada já no século VI pelo Príncipe Setoku: "não há contradição nas três religiões. O xintoísmo ... preocupa-se com o passado, não com o presente ou o futuro. O presente é tratado pelos ensinamentos de Confúcio, que tem, no entanto, a desvantagem de não olhar para o futuro. Só o budismo nos revela o futuro do homem. E como o futuro é ocupado pelo homem, não poderia no nosso país passar ao lado do budismo." Esta fórmula fornece a chave para compreender como foi moldada a consciência religiosa dos japoneses e como se formou o seu carácter nacional.

A consciência religiosa japonesa baseia-se no xintoísmo, embora originalmente não fosse uma religião no sentido estrito da palavra, mas um mosaico de várias crenças, cultos, rituais e normas éticas. Mas, ao mesmo tempo, o xintoísmo tinha um forte lado irracional mas socialmente poderoso - o culto dos antepassados, que reflectia a estrutura hierárquica da sociedade real. Este culto constituía a base do conceito de sucessão, que ia dos deuses demiúrgicos aos deuses terrestres e destes aos imperadores lendários e, mais tarde, aos antepassados do monarca atual. Esta ideia permeia o monumento histórico e literário "Registos de Actos Antigos" ("Kojiki"), que é, como é chamado, a Sagrada Escritura do Xintoísmo. Ao dotar os monarcas de uma descendência divina de Amaterasu, os Kojiki permitem estabelecer um forte culto do Estado como meio da mesma centralização, o "estado" geral do Japão. Os Kojiki reforçam a posição do poder central em termos históricos, políticos e religiosos. [3, c.535]

Assim, desde a antiguidade, o xintoísmo tem a ideia de Estado. Os japoneses tinham-se conformado com a lenda da origem divina das suas ilhas e da continuidade da dinastia imperial, que constituía um dos aspectos da sua consciência religiosa.

No Japão antigo havia quase um sincretismo entre o xintoísmo e o budismo[4,p.128]. Como resultado dessa coexistência, muitos deuses do xintoísmo começaram a ser dotados de caraterísticas de bodhisattvas budistas. E o panteão do budismo foi sendo enriquecido com divindades do xintoísmo. No entanto, apesar da consistência dos dogmas do budismo e da ética samurai, havia contradições entre eles: O budismo proibia categoricamente qualquer assassínio (os cinco "grandes" pecados do budismo: assassínio, roubo, adultério, mentira e embriaguez). A vida feudal na vida real exigia exatamente o contrário. É por isso que se tornaram populares vários tipos de "expiações" (doações generosas aos templos, tonsura como monges). Ao mesmo tempo que o Budismo, o Confucionismo, revisto por Zhu Xi, começou a difundir-se no Japão. A história do confucionismo no Japão (bem como do taoísmo) remonta à fase inicial da civilização e do Estado japonês. Os migrantes do continente, chineses e coreanos, trouxeram consigo não só os textos confucionistas, mas também as normas da moral confucionista e o modo de vida que lhes corresponde, bem como muitos elementos do taoísmo, que influenciaram a formação do xintoísmo. No entanto, o taoísmo não se impôs no Japão, embora tenha tido uma certa influência em alguns aspectos do modo de vida e da prática religiosa japoneses. Em particular, os princípios da magia protetora taoísta, com os seus feitiços, amuletos, talismãs, etc., difundiram-se no Japão. (O budismo, que dominava o Japão, era uma prática de adivinhação e de leitura da sorte (bokuso-kikke) e várias técnicas e princípios da medicina chinesa. Mas o budismo, que dominava o Japão, desconfiava do taoísmo, bem como do confucionismo (os elementos do taoísmo foram mais favoravelmente recebidos pelo xintoísmo, que estava estruturalmente relacionado com ele). No entanto, o confucionismo no Japão, ao contrário do taoísmo, esperou por tempos melhores.

A partir do século XVII, quando os shoguns do clã Tokugawa (1603-1867) conseguiram suprimir as tendências descentralizadoras dos senhores feudais japoneses e uniram o país sob o seu domínio com mão de ferro, e quando a Igreja budista, por eles dirigida, se tornou uma base administrativa de base para manter a população em obediência, criou-se um ambiente favorável à penetração intensiva do confucionismo no Japão[5, 127c].

Os shoguns esperavam que o neo-confucionismo reformado de Zhu Xi lhes proporcionasse uma oportunidade adicional para consolidarem o seu poder. Os ideais confucionistas de lealdade para com os detentores do poder, de honrar os mais velhos e de manter o status quo pareciam apropriados. Através dos esforços de um certo número de pregadores, o neo-confucionismo zhushiano começou a espalhar-se rapidamente no Japão. Os métodos de alguns desses pregadores são dignos de nota. Yamazaki Ansai (1618-1682), por exemplo, é interessante nesse sentido. Tendo sido criado num mosteiro, enfrentou a perspetiva de expulsão quando se tornou teimoso. Ameaçando incendiar o mosteiro, assustou o abade e foi abandonado. Quando Yamazaki cresceu, estabeleceu-se e, tendo dominado com sucesso os fundamentos do budismo, tornou-se monge, familiarizou-se com os textos confucionistas. Os ensinamentos de Confúcio na interpretação zhushiana pareceram-lhe a verdade, e Yamazaki começou a pregar ativamente as ideias do confucionismo, tentando combinar os preceitos de Confúcio e Meng-tzu com o espírito do patriotismo samurai e com as normas do antigo xintoísmo. Tipicamente ao estilo dos mestres Zen, propôs aos seus alunos uma tarefa - um koan: um exército chinês liderado por Confúcio e Meng-tzu invadiu o Japão. O que é que vocês fariam? Os alunos, estupefactos, calam-se: educados no espírito do patriotismo, compreendem a necessidade de ripostar. Mas contra quem? Confúcio?! A resposta de Yamazaki é simples e instrutiva: vão para a batalha, derrotam o inimigo e fazem prisioneiros Confúcio e Meng-tzu, a quem, depois de capturados, dão todas as honras devidas como grandes sábios. Assim, as normas do patriotismo são observadas e o mais profundo respeito é dado a esses sábios. De acordo com Confúcio, as pessoas estavam divididas em quatro grupos:

1 Pessoas que têm sabedoria desde o nascimento;

2 Pessoas que podem adquirir sabedoria;

3 Pessoas que têm dificuldade em compreender os ensinamentos;

4 Um povo que não é capaz de aprender a sabedoria ou adquirir conhecimento.

Ou seja, "um soberano deve ser um soberano, um dignitário deve ser um dignitário, um pai deve ser um pai, um filho deve ser um filho". Esta doutrina é mais ideológica do que religiosa. No confucionismo, o conceito de Deus enquanto tal está ausente e, de facto, o confucionismo poderia ser designado como uma filosofia e não como uma religião. No Japão, o confucionismo, fundindo-se com o budismo e o xintoísmo, confirmou as exigências xintoístas de "lealdade ao dever", obediência e obediência do súbdito ao seu senhor e ao imperador; observância rigorosa das leis da família, da sociedade e do Estado; culto dos antepassados. Este facto assegurou o apoio do confucionismo pelos governantes feudais do Japão e fez desta doutrina a base da educação da classe dirigente, em particular dos samurais. No coração do confucionismo está o princípio do patriarcado, que coloca a reverência filial acima de tudo. Existe uma grande família mundial que consiste no Céu, o pai, na Terra, a mãe, e no Homem, o filho. A segunda grande família é a família estatal. Nela, o imperador é o Céu e a Terra (pai e mãe), os ministros são os seus filhos mais velhos, o povo é o seu filho mais novo. E, finalmente, a família comum (clã). O chefe de cada família deve comandar o seu agregado familiar e ser responsável por ele perante o Estado, que apenas reconhece a família e ignora o indivíduo. Daí o dogma da lealdade e da obediência incondicional ao pai, ao príncipe feudal, ao shogun. O confucionismo ensinava que o homem se torna homem em virtude das cinco virtudes (constância) que o distinguem dos animais:

5 .a humanidade (cuja essência é o amor e cuja manifestação é a bondade)

2 .justiça

3 Cavalheirismo (respeito pelos mais velhos, modéstia)

4 . sabedoria

5 .veracidade.

Se um homem segue a natureza das cinco virtudes permanentes, em vez de estar sob o peso pernicioso do seu início natural, as cinco relações humanas surgem na sua vida:

1 . entre pais e filhos;

2 . mestre e servo;

3 .marido e mulher;

4 .irmãos mais velhos e mais novos;

5 .entre amigos.

Estas cinco relações básicas eram designadas por gorin. Para o samurai, a relação entre senhor e servo era a mais básica. A ideia de lealdade para com o mestre e a noção de dever, inextricavelmente ligada, foram postas em evidência no bushido. Lealdade ("serviço ao senhor como fonte de todos os bens") e dever ("realização desta lealdade"). A lealdade para com o senhor podia exprimir-se não só através de um serviço constante, mas também através da prontidão para, a qualquer momento, se render a ele. Um vassalo também demonstrava a sua lealdade seguindo o seu senhor no caminho da morte, expressa no "suicídio por seguimento", que se tornou uma forma comum de cumprimento do dever no século XIV.

O confucionismo deixou também muitos códigos de comportamento ético e moral na vida pública: respeitar sobretudo o respeito filial e a obediência fraterna, a fim de elevar corretamente as relações sociais; tratar generosamente todos os parentes, a fim de manter o espírito de harmonia e humildade; manter a paz e a harmonia com os vizinhos, a fim de evitar querelas e litígios; reconhecer a importância da agricultura e da cultura da seda, a fim de fornecer alimentos e vestuário suficientes; valorizar a moderação e a economia, a fim de evitar o desperdício, e p Estes dogmas, intensamente inculcados ao longo dos séculos na mente das pessoas, foram depositados na psicologia da nação sob a forma de estereótipos comportamentais bastante definidos. Não se pode dizer que estes dogmas tenham permanecido como normas inabaláveis de regulação social no Japão moderno, mas o seu significado é inegável.

O budismo e especialmente o zen tiveram uma grande influência no desenvolvimento de vários aspectos da cultura nacional japonesa e, sobretudo, no cultivo do sentido da beleza. Os especialistas observaram repetidamente que o budismo japonês e os budistas têm uma tendência para o hedonismo, para o prazer, para saborear as alegrias da vida muito maior do que é geralmente caraterístico desta doutrina e dos seus seguidores. Aparentemente, a orientação para o outro mundo da cultura japonesa, visível desde a antiguidade e sancionada pelas normas do xintoísmo, influenciou o budismo neste sentido. É claro que essa influência não deve ser exagerada.

As tendências para o hedonismo foram severamente suprimidas pela educação, em primeiro lugar nas escolas Zen. No entanto, uma síntese peculiar entre o interior - a capacidade de admirar e apreciar as alegrias da vida e a beleza da existência, cultivada ao longo dos séculos - e o exterior, estimulado pelas normas oficiais do budismo, que se esforçava pela austeridade e pelo auto-controlo, criou uma estética extremamente peculiar. A austeridade severa e o cerimonial deram origem à capacidade de encontrar a beleza escondida em tudo, em todo o lado e sempre. A arte da *decoração de interiores, a capacidade de realçar uma linha no vestuário e, por fim, a habilidade requintada de dispor uma única flor de tal forma que toda a sala fica decorada e iluminada (ikebana), tudo isto é o resultado de séculos de desenvolvimento da estética budista, principalmente da estética Zen.

A estética do Zen no Japão está patente em tudo. Está nos princípios das competições de esgrima dos samurais, nas técnicas de judo e na requintada cerimónia do chá (shanoyu). Esta cerimónia representa, por assim dizer, o símbolo máximo da educação estética, especialmente para as raparigas de famílias abastadas.

A capacidade de, num jardim isolado, num gazebo em miniatura especialmente construído para o efeito, receber convidados, sentá-los confortavelmente (em japonês - num tapete com as pernas despidas), de acordo com todas as regras da arte, preparar um chá verde ou de flores perfumado, batê-lo com um batedor especial, deitá-lo em chávenas minúsculas, servi-lo com uma graciosa vénia - tudo isto é o resultado de um curso de cortesia zen japonesa, quase um curso universitário na sua capacidade e duração (desde a primeira infância).

Em geral, a polidez é um dos traços caraterísticos dos japoneses. Dificilmente pode ser atribuída apenas ao auto-cultivo Zen, embora a contenção e a dignidade, a elegância da polidez japonesa sugiram que a estética Zen também teve a sua influência neste domínio. Surpreendentemente, mesmo no bushido, a espada implacável sempre coexistiu com a beleza, o requinte e o amor. O amor - embora não cavalheiresco, como o amor europeu medieval, mas de certa forma próximo dele - desempenhou um papel significativo na vida do povo japonês. Não é o amor confuciano-chinês por um ancião, por um sábio, pelos pais. É um amor sublime, pronto para o auto-sacrifício, por vezes reduzindo a si mesmo quase todo o sentido da vida[6, p. 213].

Mas não foram só as religiões orientais que se difundiram no Japão. O cristianismo, uma religião ocidental, também teve a oportunidade de se espalhar com a chegada dos colonizadores. A primeira vez que os japoneses conheceram o cristianismo foi no século XVI, quando, em 1548, três padres católicos chegaram ao Japão juntamente com mercadores espanhóis. Foi-lhes permitido o culto, o que aproveitaram prontamente. Os missionários (tanto os primeiros como os seguintes) ficaram agradavelmente surpreendidos com a atenção demonstrada pelos japoneses. Os visitantes pensavam que a nova religião se iria impor facilmente no coração dos japoneses. No entanto, rapidamente se tornou claro que esta atenção era o resultado do facto de estarem a chegar mercadorias tentadoras juntamente com os missionários. Os senhores feudais locais encorajavam de todas as formas possíveis o contacto dos seus súbditos com os missionários, ao mesmo tempo que recebiam ofertas do exterior. Segundo algumas fontes, em 1582 havia 80 missionários cristãos no Japão que tinham convertido cerca de mil e quinhentas pessoas. Parecia que as ideias de Cristo estavam a ganhar popularidade, mas em breve as autoridades iniciaram uma luta determinada contra o cristianismo, chegando mesmo a reprimir os missionários, bem como os convertidos locais. Em 1614, foi emitido um édito. Em meados do século XVII, o cristianismo no Japão foi praticamente eliminado.

O segundo período da sua difusão só começou duzentos anos mais tarde. Em 1859, foi estabelecida a primeira missão protestante em Nagasaki. Em Yokohama, foi construída uma igreja católica em 1862 e uma igreja protestante em 1872. As actividades dos missionários tornaram-se cada vez mais animadas. No entanto, no final do século XIX, voltaram a ser perseguidos pelas autoridades e obrigados a fechar as suas missões. Depois de mais altos e baixos, o cristianismo manteve apenas uma importância terciária no país.

É preciso dizer que os japoneses, na sua maioria, têm pouco conhecimento dos meandros do cristianismo. As suas mentes pragmáticas não estão inclinadas para a doutrina cristã abstrata e mística; encaram-na com alguma desconfiança e medo. Os missionários desenvolveram gradualmente a ideia de que a realidade japonesa não era um bom terreno para o cristianismo. Muitos até tentaram explicar a teimosa relutância dos japoneses em aceitar as ideias cristãs pela alegada falta de disposição da mente japonesa para um sistema de visão do mundo mais complexo do que o xintoísmo, o budismo ou o confucionismo.

Embora o cristianismo não tenha um impacto direto na psicologia nacional dos japoneses, influencia o seu comportamento de forma indireta.

Depois de analisar as principais religiões do povo japonês, desde a sua difusão no território do Estado até às suas formas transformadas, não se pode deixar de concluir que o zen-budismo, o confucionismo e o xintoísmo são os fundamentos que formaram a visão do mundo, a essência do povo japonês e o sistema estatal do país.

O xintoísmo, com o seu panteísmo e falta de militância, moldou a consciência adaptativa e religiosa dos japoneses. Pode fornecer "informações para reflexão" sobre a forma de influenciar a formação da consciência religiosa na direção da tolerância religiosa e do não-conflito, o que serve de garantia de uma resolução pacífica dos conflitos interconfessionais.

A ideia de Estado na versão japonesa do budismo foi combinada com a sacralidade do poder imperial postulada pelo xintoísmo, o que não podia deixar de deixar uma marca no carácter da consciência religiosa japonesa. Um grande conhecedor do Japão, Lavcadio Hearn, que aí viveu durante muitos anos e adoptou não só o budismo, mas também o nome japonês, viu a coexistência das duas grandes religiões como a base da firmeza moral da sua população. Escreveu: "O Japão deve a maior gratidão a ambas as suas religiões, criadoras e guardiãs da sua força moral - o xintoísmo, que ensina que o homem deve pensar mais no imperador e no Estado do que em si próprio e nos seus entes queridos, e o budismo, que fomentou nele a capacidade de abnegação, de esquecimento de si próprio, de suportar pacientemente o sofrimento e de se reconciliar, como lei imutável, com a perda de tudo o que é amado e a dependência de tudo o que é odiado."[3,p.535].

O confucionismo, que trouxe consigo padrões de comportamento, normas e rituais mais complexos, teve também uma influência notável na consciência religiosa dos japoneses. Em primeiro lugar, é claro, estamos a falar da gestão do Estado, da relação entre o soberano e os seus súbditos. A assimilação e a coexistência pacífica do xintoísmo, do budismo e do confucionismo foram o resultado da adaptabilidade inerente à visão do mundo japonesa.

Na expressão figurativa do historiador T. Fujisawa, "o xintoísmo é a raiz e o tronco, o confucionismo as folhas e os ramos e o budismo as flores e os frutos". O xintoísmo e o budismo existem como religiões organizadas. O primeiro transmitiu e preservou as origens mitológicas do país e do seu povo, os cânones da construção de santuários e a realização de vários tipos de actividades religiosas e festivas. A segunda trouxe consigo a tradição da construção de templos sumptuosos, repletos de obras de arte, bem como de cerimónias fúnebres para os defuntos. Com o confucionismo vieram os ensinamentos morais e éticos que tiveram uma grande influência na tradição cultural japonesa.

Com o tempo, os elementos dessas três religiões se entrelaçaram e formaram uma espécie de conjunto unificado. As outras grandes religiões e movimentos religiosos tiveram uma influência menos significativa na classe guerreira. Mas em breve, por coincidência da história do país, o tempo dos shoguns e dos samurais foi novamente substituído pelo poder imperial. Mas a ideologia do país e o espírito do povo não se alteram..... A vida religiosa do Japão moderno demonstra um exemplo de tolerância religiosa, que falta catastroficamente à maioria da humanidade e que, se fosse suficientemente difundida, poderia tornar o nosso planeta um lugar muito mais atrativo para viver. A coexistência pacífica de várias confissões no país durante séculos já fala da influência da religião na mentalidade, na visão do mundo, e a atmosfera do estado político interno em relação a várias confissões é estável.

1.2 O culto do imperador - a ideologia do tennoísmo

Embora o termo "tennoísmo" possa ser formalmente traduzido como "monarquismo japonês", essa tradução não reflecte totalmente a vasta e interligada gama de questões associadas ao conceito de "tennoísmo" na história e na modernidade japonesas. A ideologia do tennoísmo, fundamental para compreender o conteúdo do nacionalismo estatal do pré-guerra (1868-1945), continua a ser viável atualmente sob uma forma transformada. Além disso, os valores deste sistema ideológico, que se baseia numa reinterpretação oficial de mitos arcaicos, servem de chave para compreender muitos traços do carácter nacional japonês, a sua visão do mundo, percepções sociopolíticas e orientações socioculturais. Numa palavra, o "tennoísmo" é um fenómeno multidimensional complexo da vida na sociedade japonesa, que tem as suas próprias leis internas de desenvolvimento, que não são fáceis de compreender. [7, c.7]

A veneração maciça do imperador foi conscientemente cultivada (através do xintoísmo estatal) pelos governantes da era Meiji (1868-1912), que viam no trono imperial o único apoio fiável para a consolidação da nação nas condições de atraso e fraqueza do Japão, ameaçado de perder a independência nacional. Mas, ao formarem o sistema de pontos de vista tenentistas, os ideólogos oficiais teceram-no habilmente, profundamente enraizados no pensamento ético e político nacional, nos dogmas do xintoísmo, nos princípios do confucionismo, no taoísmo, na filosofia budista e nas ideias e crenças populares antigas. A justificação ideológica do poder real no Japão antigo baseava-se, antes de mais, nas tradições da religião local - o xintoísmo. A família real era considerada detentora de um poder mágico especial que assegurava uma comunicação efectiva com as divindades, sem a qual o funcionamento próspero de todo o organismo social era impensável. Os "três ornamentos divinos" personificavam as virtudes do imperador e dos membros da sua família: espelho - honestidade, espada - sabedoria, pingentes de jaspe - misericórdia. Só o imperador podia governar o país, fazendo destas virtudes os princípios fundamentais da política. Daí que a base da moral do povo fosse "manter a lealdade para com o soberano supremo, mesmo que para isso fosse necessário sacrificar a própria vida". Este significado sacral do poder real fez com que a família real mantivesse a sua posição suprema na estrutura hierárquica da sociedade, apesar de ter sido excluída por outras famílias nobres da verdadeira atividade de governação das unidades sociais consolidadas no organismo estatal.

Após a luta entre os partidários do xogunato e os que defendiam a restauração do poder imperial a favor deste último, o novo governo foi confrontado com a tarefa de acelerar a consolidação económica e militar do país, formulada pelos líderes Meiji sob a forma do slogan de criação de um "país rico e um exército forte" (fu-koku kyohei). A pressão das potências ocidentais e a ameaça de perda da independência nacional impunham a necessidade de realizar esta tarefa o mais rapidamente possível.

Os novos governantes do Japão encontravam-se numa situação difícil. Por um lado, era evidente que sem modernizar todos os aspectos da sociedade segundo o modelo ocidental, sem a reconstruir numa nova base, seria extremamente difícil resolver a tarefa que tinham em mãos. Por outro lado, o entusiasmo excessivo pelas ciências e ideias ocidentais era suscetível de provocar a perda de identidade da cultura japonesa, a desintegração da integridade do organismo nacional emergente. Além disso, apenas as camadas mais instruídas da sociedade japonesa estavam preparadas para uma perceção profunda e essencial do novo nas formas ocidentais e, ao nível das massas, o desejo de aprender com o Ocidente conduzia frequentemente a um culto feio das realizações de uma civilização superior, à cópia superficial de manifestações puramente externas de uma cultura desconhecida, que eram impressionantes pela sua novidade. Nestas circunstâncias, os líderes políticos Meiji, após vinte anos de procura cautelosa de uma abordagem equilibrada para o desenvolvimento de formas concretas de reestruturação, recusaram-se a romper radicalmente com os fundamentos morais tradicionais da sociedade e adoptaram um rumo para a transformação da utilização dos estereótipos tradicionais da consciência religiosa que estavam enraizados e eram acessíveis à perceção das massas.

Foram tomadas medidas para assegurar que os empréstimos de culturas estrangeiras fossem de natureza puramente utilitária e aplicada e não afectassem os fundamentos espirituais da nação japonesa. Como se dizia na altura no Japão, o desenvolvimento do país devia combinar "o espírito japonês e o conhecimento europeu" (wakon yosai). É claro que esta solução de compromisso comportava o perigo de muitos choques contraditórios e, no entanto, paradoxalmente, parece ter sido o caminho que assegurou a sobrevivência e a rápida modernização do Japão. Conseguir a unidade da nação, conquistar ideologicamente as massas, resolver a tarefa da sua ativação política sob o controlo do governo, tendo em conta as peculiaridades sócio-políticas e culturais-psicológicas da consciência de massa da época, só foi possível através da criação de uma ideologia cimentadora que combinasse princípios religiosos e nacionalistas. A ideologia do Tennoísmo, que conservava muitos elementos enraizados nas tradições religiosas, preenchia estas condições.

Outro traço caraterístico do xintoísmo era a sua orientação nacionalista evidente. Ao mesmo tempo, violando a tradição religiosa de tolerância religiosa (os japoneses há muito que adoravam simultaneamente numerosas divindades de diferentes religiões, muitas vezes separando-as apenas funcionalmente), a ascensão do xintoísmo na sua forma estatal foi acompanhada pela opressão de outros movimentos religiosos. Agora, era necessário favorecer apenas um dos deuses, nomeadamente o "deus vivo", o imperador. Ao longo das oito décadas seguintes, até 1945, a ideologia do tennoísmo sofreu algumas alterações, tornou-se visivelmente mais complexa, mas é possível identificar alguns pontos nodais que são fundamentais para todo o período.

Os pontos principais da ideologia do Tennoísmo

O núcleo da ideologia do tennoísmo é um conjunto de conceitos, geralmente designados na literatura japonesa pela palavra de difícil tradução "kokutai"'. O orientalista T.P. Grigorieva define esta noção como "a base moral de um organismo social" e explica: "No Japão, durante séculos, formou-se a ideia do Estado como um organismo complexo, um continuum, cuja vida é condicionada por um certo tipo de ligação de tudo com tudo. Tudo estava ligado entre si, não por lei ou constituição, mas pelo Céu, ou seja, pelas leis da própria natureza, concretizadas em princípios éticos específicos. Assim, a moral tradicional, do ponto de vista dos japoneses, é aquela que liga diretamente as partes individuais entre si, aquela a que a nação deve a sua integridade" [3, pp. 4-5]. [3, c. 4-5]. G.E. Svetlov, acreditando que a tradução da palavra "kokutai" como "sistema de estado nacional" não transmite suficientemente o conteúdo extremamente amplo deste termo, sugere a utilização da tradução descritiva de "kokutai" proposta por J. Spa: "essência nacional (japonesa) única" [7, p. 140]. [7, c. 140]. Esta tradução revela de forma mais completa a peculiaridade da interpretação de "kokutai" pelos ideólogos nacionalistas oficiais como um conceito que engloba as caraterísticas políticas, morais, religiosas, históricas e geográficas do Japão - o "país divino". O elemento central do "kokutai" era considerado a ideia de um laço místico entre o imperador e o povo japonês. Foi este laço que foi reconhecido como o fundamento do Estado e da nação japoneses na literatura nacionalista oficial ao longo do período que decorreu entre a Revolução Meiji e o final da Segunda Guerra Mundial.

As principais componentes da estrutura "kokutai" são o mito da origem "divina" do Estado japonês (ou o conceito de "espírito da fundação do Estado"), o mito das virtudes "divinas" do imperador e das qualidades morais "únicas" dos súbditos japoneses ("espírito japonês") e, por último, o mito da "grande missão da nação". Na ideologia tenentista, as referências a forças que ultrapassam a compreensão humana - à providência divina - estavam constantemente presentes. O Estado japonês, segundo a versão oficial, surgiu por vontade da principal deusa do panteão xintoísta - a deusa do sol Amaterasu, que lançou os alicerces do trono, o qual foi, por isso, declarado "eterno e indestrutível como o Céu e a Terra". Eis uma das afirmações típicas da propaganda oficial: "Na grande vontade sagrada e nos grandes actos sagrados do imperador - uma divindade encarnada, manifesta-se a grande vontade divina dos antepassados imperiais (ou seja, a antepassada da dinastia imperial - a deusa Amaterasu e os antepassados imperiais. - T.S.-N.), e a sua vontade determina o futuro infinito da nossa nação". [27, c. 183].

Assim, o mito da origem "divina" do imperador baseia-se no postulado xintoísta da relação de sangue da dinastia imperial com a deusa do sol Amaterasu. Este mito foi legitimado na Constituição Imperial de 1889, cujo artigo 1.º afirma: "O Império Japonês será governado por uma dinastia imperial eterna para todo o sempre". E o artigo 3º acrescenta: "A pessoa do Imperador é sagrada e inviolável". A dinastia imperial "sagrada" constitui a base do "kokutai" no sistema tennoísta. Ao dogma da "divindade e continuidade da dinastia imperial" (banshei ikkei) junta-se o mito das virtudes do imperador, que realiza o grande ideal da deusa Amaterasu, encarnado nos "três regalia divinos" da dinastia japonesa - pingentes de jaspe, espelho e espada.

Os ideólogos tenentistas costumam referir-se ao códice crónico e mitológico Nihon seki, que regista a entrega destes regalos ao primeiro governante do Japão pela deusa Amaterasu. O imperador é inerente às virtudes da própria deusa Amaterasu, pelo que o governo imperial não pode ser inerentemente injusto. Os súbditos japoneses foram assim levados a acreditar que o imperador era infalível em todas as questões de religião, política e moralidade, porque possuía uma divindade mística e inescrutável que lhe permitia ver sem erros o verdadeiro caminho do seu país e dos seus súbditos. Este caminho, chamado "kodo" ("caminho imperial"), foi interpretado pelos pregadores japoneses do tennoísmo como o ideal do estado japonês.

As ideias xintoístas da "divindade" do imperador foram utilizadas pela propaganda oficial como base espiritual para a formação de um claro sentido de identidade nacional centrado na veneração do imperador. Eis um extrato de um artigo do General S. Araki (1877-1966), um dos ideólogos militaristas do Tennoísmo, respondendo à questão por ele colocada, com o que está associada a identidade japonesa: "Não é mais do que o grande ideal representado pelos três regalia da dinastia japonesa (pingentes de jaspe, espelho e espada), que Amaterasu entregou na fundação do estado japonês.... A misericórdia, a justiça e a coragem, representadas pelos três trajes da dinastia japonesa, são o ideal do Estado japonês, cujo caminho foi apontado pelos imperadores.... A história do Japão representa precisamente o movimento ao longo deste caminho. É dever da nação japonesa - uma nação de súbditos leais de Sua Majestade - preservá-lo, glorificá-lo". Um dos principais princípios do Tennoísmo ao longo da sua existência foi o princípio de "saisei itchi" ("a unidade da administração do ritual e da administração do Estado"). Foi adotado imediatamente após a Revolução Meiji e repetidamente enfatizado nos éditos imperiais como "o princípio fundamental do 'kokutai' e da comunidade nacional desde o estabelecimento do estado japonês" [26, p. 143]. [26, c. 143]. Foi através do princípio de "saisei itti" que os súbditos do império japonês puderam realizar o "kokutai" e "a grande forma de honrar os deuses" [26, p. 144] [26, c. 144].

O conteúdo do princípio de "saisei itti" é revelado de forma mais completa a partir de fontes conhecidas no panfleto oficial publicado em 1937 e denominado "Princípios Básicos de Kokutai" ("Kokutai no hongi"): "O imperador, através da prática de rituais religiosos, torna-se um com os seus antepassados divinos e, fundindo-se com o seu espírito, pode liderar os seus súbditos e multiplicar a sua prosperidade.

Assim, manifesta-se a divindade dos imperadores que governam o país. Por conseguinte, a homenagem do imperador aos deuses e o seu governo do Estado são essencialmente uma só coisa. O imperador transmite os preceitos divinos dos seus antepassados e esclarece assim o grande princípio da fundação da nação e o grande caminho que os súbditos devem seguir. ...Por outras palavras, a educação dos súbditos é inseparável dos rituais religiosos e da administração do Estado" [27, p. 187]. [27, c. 187]. A ideologia do Tennoísmo também utilizou o conceito tradicional japonês de "estado harmonioso", adoptando atitudes nativas da visão do mundo japonesa. Das "cinco grandes atitudes éticas", cuja observância, segundo o confucionismo, garantia o desenvolvimento harmonioso da sociedade, o tennoísmo exaltava acima de tudo a relação especial entre o imperador e os seus súbditos, peculiar apenas ao Japão "divino", que consistia na unidade do mais alto com o mais baixo - o monarca com o seu povo. Nas ideias xintoístas sobre o "divino", com traços visíveis do culto dos antepassados, não existe uma distinção clara entre os "kami" (divindades) e o homem, estando de certa forma unidos, como se unem um pai e um filho. Este facto teve um sério impacto nos princípios éticos e políticos confucianos do poder absoluto do imperador - era a relação entre pais e filhos que era considerada no Japão como o protótipo da organização social, como um modelo para todas as outras relações sociais, sendo a lealdade ao imperador colocada acima da deferência filial. Os ideólogos tenentistas não se cansavam de repetir que a genealogia dos japoneses remontava a uma única raiz.

A nação japonesa era assim vista como uma grande família, e o imperador não agia como um governante teocrático militante que impunha à força normas de comportamento em todas as áreas da vida aos seus súbditos, mas como o chefe espiritual da nação que protegia todos os japoneses sem distinção. O imperador, paternalmente amoroso e protetor, guiava os seus súbditos, que tratava como "omitakara" (lit. "grande tesouro", mas significando antes "súbditos amados"), pelo verdadeiro caminho indicado pela deusa Amaterasu. Os súbditos foram ensinados que o sentimento paternal do imperador ultrapassa o amor dos pais pelos filhos: o imperador, com "grande misericórdia divina, perdoa os delitos dos seus súbditos" [27, p. 185-189]. Em troca deste patrocínio, o imperador devia suscitar nos seus súbditos sentimentos de lealdade e de gratidão pelos favores, como outros "kami" xintoístas. Em consequência, o dever moral e político dos japoneses adquiriu a força de um impulso inconsciente interior de obediência grata, cujo cumprimento gerava um sentimento de satisfação interior. Por outras palavras, a lealdade ao imperador, equiparada ao patriotismo, foi inculcada pela fé xintoísta e tornou-se uma espécie de necessidade interior de todos os japoneses, especialmente quando a propaganda tenentista se tornou verdadeiramente nacional. Esta atitude japonesa especial em relação ao dever foi registada por muitos académicos japoneses. Por exemplo, o Professor K. Mizushima da Universidade de Rissho acredita que o conceito japonês de dívida para com a sociedade é fundamentalmente diferente do europeu, porque (a dívida) é causada não por uma obrigação socialmente condicionada, mas pelo sentimento de apreço, gratidão como uma motivação puramente subjectiva da alma [28, p. 196-197].

A doutrina tenentista do "estado harmonioso" baseava-se assim na interpretação nacionalista da visão xintoísta da relação harmoniosa entre o divino e o humano. Esta justificava a dotação dos japoneses de virtudes inatas únicas, que se manifestavam sob a única condição de os súbditos servirem a causa do imperador num único impulso, desinteressadamente, ou seja, na terminologia japonesa, alcançarem o "tukun" ("sinceridade de coração em honrar o imperador"). É o que diz o referido panfleto "Kokutai no hongi": "Onde quer que a virtude da misericórdia do imperador se estenda, o caminho dos súbditos torna-se claro por si mesmo. Este caminho dos súbditos é realizado quando toda a nação, unida num impulso sincero, serve o imperador..... Isto significa que, desde o nascimento, servimos o imperador e seguimos o caminho do Império, e é bastante natural que nós, os súbditos, possuamos uma qualidade tão importante" [27, p. 189]. [27, c. 189]. "Lealdade significa honrar o imperador como a fonte de tudo e obedecer-lhe completamente. Seguir o caminho da lealdade é o único modo de vida possível para nós, súbditos; este caminho é a fonte de toda a energia. Por conseguinte, dar a vida em nome do imperador não significa o chamado auto-sacrifício, mas a superação do nosso pequeno eu em nome da vida sob a divina proteção imperial" [27, p. 190]. [27, c. 190].

Os nacionalistas consideravam o "individualismo e o racionalismo ocidentais" como o maior obstáculo ao "caminho da lealdade", e esta categoria incluía um leque muito vasto de ideologias ocidentais, desde as ideias do iluminismo burguês à doutrina marxista. Só honrando os deuses xintoístas e, sobretudo, o "deus vivo" (arahito gami), o imperador, é que um japonês poderia, segundo a propaganda oficial, seguir o "caminho da lealdade", identificado com o patriotismo. Por outras palavras, o tennoísmo reforçava a lealdade modificando, no interesse do Estado, a fé xintoísta, os valores morais tradicionais originais, e equiparava mesmo essa lealdade "sagrada" ao patriotismo. A lealdade, entendida em unidade com a veneração dos deuses xintoístas e o cumprimento do dever patriótico, tornou-se uma das pedras angulares do xintoísmo estatal. É a lealdade no sentido acima referido, de acordo com os princípios do Tennoísmo, que constitui a base para o desenvolvimento harmonioso do Japão, sem paralelo na história mundial. "Os corações dos súbditos, seguindo o caminho unido da lealdade e da reverência filial, fundindo-se com o grande e augusto coração misericordioso do imperador, cultivam os frutos da harmonia entre o monarca e os seus súbditos, o que predetermina o futuro sem fim da nossa nação" [27, p. 196]. [27, c. 196].

De acordo com o Tennoísmo, estas relações especiais, harmoniosas e sem conflitos entre os kami e as pessoas, entre a natureza e o homem, entre os membros da família, entre superiores e inferiores e entre o imperador e os súbditos tinham como fonte o "musubi". Este termo xintoísta designa a energia mística criadora que se manifestou de forma mais plena durante a criação das ilhas japonesas pelo casal divino Izanagi e Izanami, subjacente ao desenvolvimento de todas as coisas, fenómenos e seres, incluindo a nação japonesa. É aqui que o Tennoísmo se aproxima da formulação do "espírito japonês": "No nosso país, as diferenças de opinião ou de interesses resultantes de diferenças de estatuto são facilmente ultrapassadas através de uma harmonia única que provém de uma única fonte. Em tudo, não é a luta que é o objetivo final, mas a harmonia; tudo dá frutos em vez de morrer por destruição. Este é o grande espírito da nossa nação" [27, c. 199]. Só o serviço desinteressado ao imperador permite que os japoneses realizem plenamente as suas virtudes potenciais. O ponto culminante da harmonia era proclamado como sendo o sacrifício da vida dos súbditos ao imperador. Ao fazê-lo, ele adquiria "kiyoki kokoro" ("pureza de coração") ou "magokoro" ("veracidade de coração"), o que equivalia à purificação, o principal e mais antigo rito xintoísta.

Outro mito em que se baseava a "essência nacional única" na interpretação da ideologia tennoísta era o mito do "destino celestial" (temmei) da nação japonesa, chamada pelos próprios deuses, em primeiro lugar a deusa Amaterasu, para "salvar a humanidade" e "estabelecer a harmonia" em todo o mundo, estendendo-lhe o poder do "deus Tenno". Os ideólogos do Tennoísmo utilizavam referências à literatura xintoísta clássica e, sobretudo, aos mitos do Nihon Seki, que interpretavam com base nos objectivos bastante terrenos das guerras de conquista do Japão imperialista. Os japoneses foram educados para acreditar que, desde tempos imemoriais, quando o Estado japonês foi fundado pela deusa Amaterasu, quando o primeiro imperador, Jimmu, subiu ao trono, e ao longo de toda a história japonesa, as actividades sociais dos súbditos tenno estavam subordinadas ao cumprimento da missão sagrada de Amaterasu de estender o domínio "divino" a áreas cada vez mais vastas. Para apoiar esta afirmação, a propaganda oficial citava habitualmente (do Nihon Seki) uma declaração do mítico Imperador Jimmu antes da chamada campanha oriental, bem como o édito do Imperador Jimmu aquando da sua subida ao trono, após seis anos de guerras para pacificar tribos rebeldes no leste das ilhas japonesas. No édito, o Imperador Jimmu jurou à deusa Amaterasu "estender o poder imperial a todo o mundo, de modo a reunir os oito cantos sob o mesmo teto (hakko iti u)". Este slogan, muitas vezes também traduzido como "o mundo inteiro é uma família" ou "o mundo inteiro sob o mesmo teto", foi considerado pelo tennoísmo oficial como um imperativo divino.

Os pregadores do "japonismo" militante argumentavam que só os japoneses, dotados das virtudes do "espírito japonês" através da "pureza e unidade raciais", eram capazes de "espalhar a luz da sua cultura a toda a humanidade", pois "o objetivo celestial do Estado japonês" (nihonkoku no tammei) era criar uma nova cultura única para toda a humanidade. Foi a propaganda da missão "divina" de "hakko itti u" que deu às acções expansionistas do imperialismo japonês no continente A'iat (começando com a guerra nipo-cinesa de 1894-1895 e terminando com as acções agressivas de 1931-1945) o carácter de uma "guerra santa" aos olhos do japonês comum. O slogan "hakko itti u" foi também utilizado para justificar os direitos especiais do Japão de liderar os povos da "raça amarela", libertando-os do jugo das potências ocidentais. O etnocentrismo inerente à mitologia xintoísta foi desenvolvido pelos ideólogos do tennoísmo numa teoria de superioridade racial, que justificava o direito dos japoneses a dominar todas as outras raças e povos que não eram protegidos pelos deuses xintoístas.

As ideias tennoístas constituíram a base da versão japonesa do pan-asianismo, que se tornou cada vez mais sofisticada à medida que a expansão militar do Japão na Ásia se alargava. Os pan-asianistas japoneses criaram um sistema hierárquico peculiar de valores étnicos baseado no princípio da quase-família, segundo o qual a nação japonesa, munida dos ideais da "raça Yamato" ou dos "princípios elevados"

dos "oito cantos debaixo do mesmo teto", estava à cabeça da família dos povos asiáticos e era chamada a governar os povos atrasados e amorfos dos outros países asiáticos. Os povos dos Estados do Ocidente e da URSS foram declarados "bárbaros" e antípodas culturais, alheios à comunidade dos povos asiáticos. A posição dominante da "raça branca" na Ásia devia ser legitimamente cedida aos japoneses - a "raça Yamato", que ultrapassava todas as outras nos seus méritos biológicos e etno-psicológicos. Um dos ideólogos do "kokutai", S. Uesugi, que já em 1919 afirmava que "a salvação de toda a civilização humana é a missão do Império Japonês", escreveu: "Atualmente, as nações do mundo não conhecem qualquer ordem. Estão divididas em classes, cada uma das quais luta apenas pelos seus próprios interesses e considera a outra classe como um inimigo irreconciliável. O radicalismo está a espalhar-se pelo mundo. O veneno desta doença penetra na carne e no sangue e ameaça derrubar as nações.... O coração do homem perdeu a capacidade de cooperação. Os indivíduos fazem o que lhes apetece, agindo sem restrições ... O mundo inteiro está dilacerado pela luta entre o capital e o trabalho ... Há um inferno de luta e derramamento de sangue na terra.... Não há uma única pessoa entre o povo japonês que não acredite que, se ao menos tivessem os nossos imperadores, não teriam chegado a uma situação tão extrema.... O nosso povo, graças às virtudes divinas dos imperadores, foi dotado de fundamentos nacionais de Estado que não têm analogia em todo o mundo.... E se o mundo inteiro pudesse agora viver sob os auspícios das virtudes do nosso imperador, a luz da esperança para um futuro humanista poderia ser acesa. Só assim o mundo pode ser salvo da destruição. Só assim é possível viver num mundo de bondade e beleza. Verdadeiramente grande é a missão da nossa nação" [6, c. 82].

Como que para continuar o raciocínio de Uesugi, o jornal Taisho nichi nichi shimbun escreveu: "O nosso povo e os deuses ... procuram apenas cumprir a maior e mais nobre tarefa de unir o mundo sob o Imperador do Japão. O nosso principal objetivo é estender o governo do Imperador do Japão a todo o mundo, uma vez que ele é o único governante no mundo que cumpre a missão espiritual herdada dos seus antepassados divinos." De acordo com os princípios do culto monárquico do tennoísmo, a principal força chamada a cumprir o "hakko itti u" era o exército imperial japonês, ou, na terminologia tennoísta, "a hoste sagrada enviada pelo Céu para dar vida a todas as coisas". Os soldados japoneses, desde os mais altos oficiais até aos soldados comuns, cumprindo o seu dever militar, tornaram-se "um em espírito com o imperador divino" e juntaram-se aos "kami" xintoístas. A harmonia era proclamada como uma propriedade inerente ao "espírito guerreiro sagrado" dos japoneses, supostamente existente não "para matar homens, mas para lhes dar vida". "Este espírito guerreiro procura dar vida a todas as coisas, não procura a destruição.

Por outras palavras, é uma luta baseada na paz com a promessa de um novo crescimento e desenvolvimento .... Neste sentido, a guerra não tem de modo algum como objetivo a destruição, a subjugação e a supressão dos outros, mas serve a realização de uma grande harmonia, a paz, ajudando a revelar o poder vivificante do musubi"[27, p. 197]. Uma interpretação um pouco mais moderna da missão especial dos japoneses estava contida nas teorias da escola de filosofia de Kyoto, liderada pelo proeminente filósofo K. Nishida. Na sua obra, Nishida apresentou uma teoria nacionalista do Estado e da nação, que se baseava na apologética de uma moralidade especial "kokutai", santificada pelos elevados princípios da "via imperial", enaltecendo a nação japonesa como uma "força enérgica e ativa", destinada a "moldar" as nações asiáticas, que eram apenas material passivo na construção da "nova ordem mundial". Esta teoria deu aos postulados tradicionais do nacionalismo japonês a aparência de ciência moderna, uma vez que foi criada com base numa combinação do arsenal ideológico das últimas correntes idealistas dos países ocidentais com ensinamentos orientais tradicionais. Ideias abertamente racistas sobre a escolha da "raça Yamato" alimentaram a teoria da "esfera de prosperidade comum no Grande Leste Asiático", apresentada durante a Segunda Guerra Mundial por representantes da ala mais reacionária da Escola de Quioto, M. Kosaka, I. Koyama e outros. Japão. De acordo com esta teoria, o Japão era um exemplo de uma comunidade nacional com "relações harmoniosas", uma vez que se baseava na "essência nacional única" ("kokutai") com a sua unidade entre o imperador e o povo.

A ideia de uma tal comunidade deveria ser levada pelo Japão aos países da Ásia Oriental e criar com eles uma única comunidade interétnica baseada no "parentesco nacional" dos povos desses países. Foi atribuído à cultura japonesa um papel de liderança na construção de uma cultura de toda a região, que se caracterizaria por um "humanismo oriental" que lhe permitiria ultrapassar a crise da sociedade burguesa. A cultura japonesa foi atribuída à "energia moral especial e pura do espírito japonês" e aos ideais de "oito cantos sob o mesmo teto".

O tennoísmo abordou assim os japoneses como a raça humana superior, desenvolvendo o seu conceito de "povo escolhido". Foi criado um mito racial, associado ao culto do imperador, um sistema religioso ritualista xintoísta. Os ideólogos do tennoísmo aparentemente perceberam a necessidade de dar à ideologia oficial a forma de um mito social, uma vez que a consciência de massa dos japoneses, especialmente nas primeiras décadas após a Revolução Meiji, era claramente atraída por formas mitológicas de visão do mundo. A criação de mitos em geral é caraterística de qualquer pessoa quando experimenta a sua pertença nacional, bem como a pertença a gerações passadas.

No Japão, a eficácia do impacto da mitologia religiosa do tennoísmo foi centuplicada devido ao longo cultivo da criação de mitos entre os japoneses pela fé xintoísta. Ao contrário dos países ocidentais, no Japão, o processo de modernização não alterou as formas de regulação moral da vida social. O Japão pós-Meiji era dominado por uma camada de comunicação social de tipo pré-burguês (tradicional), pelo que o sistema de reposição religiosa da realidade não podia deixar de manter a sua forma tradicional adaptada às novas condições e tarefas. "O modo de pensar racional estava longe de penetrar na vida da maioria da população, prevalecendo no seu meio a superstição e o modo de pensar não científico" [22, p.197]. [22, c.197].

Com base na antiga mitologia xintoísta, foi criada uma mitologia social que utilizava ativamente os valores espirituais tradicionais e o simbolismo diversificado dos temas mitológicos como meio de integração nacional, estabilização das relações sociais e mobilização dos reguladores emocionais e morais das relações humanas na sociedade japonesa. Os mitos do tennoísmo foram concebidos para santificar momentos da vida social bastante concretos, terrenos e não "do outro mundo" - questões de poder político e dever público, expansão militar, preservação da identidade e unidade nacionais, etc. A limitação nacional não era ultrapassada, mas cultivada e santificada juntamente com a sacralização das ordens sociais existentes no sistema imperial. No complexo ideológico e imagético do tenentismo há um entrelaçamento entre o mítico e o real, que encontra a sua expressão nos princípios morais e políticos das relações sociais propostos por esta ideologia. Os autores dos conceitos tennoístas atribuíram à ideologia funções protectoras em relação ao estado do sistema imperial.

O Estado japonês era apresentado como uma emanação de poderes superiores, o que lhe conferia um estatuto de legitimidade aos olhos das massas. Os círculos dirigentes governavam não em seu próprio nome, mas em nome do imperador, que personificava o Estado, identificado com a nação.

Assim, os súbditos japoneses não estavam sujeitos ao comum dos mortais, mas a uma autoridade misteriosa rodeada por uma auréola mística de sacralidade. A ideologia tenentista foi concebida para insinuar que, apesar de certas diferenças, os japoneses, enquanto "nação divina", tinham formado, desde a fundação mítica do Estado em 660 a.C., uma comunidade unida por um destino comum ordenado pelos deuses xintoístas. Explorava-se assim a noção religiosa de que o destino da comunidade dependia da vontade das divindades, que abençoavam o comportamento de toda a nação ou deixavam os seus membros sem o seu patrocínio. A condição para seguir o "caminho com os deuses" (kannagara) era a imutabilidade e a eternidade confucionista do governo do imperador, que era como um meio de comunicação entre o divino e o terreno.

A interpretação da história japonesa pelos ideólogos como o resultado da "Providência divina" santificou as ideias confucionistas de lealdade e obediência e sacralizou o objeto da lealdade, quando na mente japonesa se identificavam os conceitos de "imperador", "estado" e "nação". Por outras palavras, o Tennoísmo elevou a doutrina da estrutura social única do Japão ao grau de dogma xintoísta, elevando-a ao nível da fé religiosa, o que privou a possibilidade de uma atitude crítica em relação às atitudes do Tennoísmo e não permitiu quaisquer mudanças no "kokutai". A ênfase nos interesses comuns de todos os japoneses, combinada com uma oposição nacionalista a todos os outros povos como inferiores, desprovidos de bênção "divina", fez do tennoísmo uma ideologia excecionalmente eficaz em termos de unir a nação japonesa com base numa síntese da ideologia religiosa tradicional renovada e do nacionalismo burguês moderno.

Assim, tendo analisado o fator da religião do povo japonês na formação e formação da sua consciência nacional, ideologia e espírito nacional, chegamos à conclusão de que a base de cimentação da ideologia nacional não é uma religião, como é geralmente aceite, mas três. As três religiões - xintoísmo, budismo e confucionismo - lançaram igualmente as bases da identidade japonesa, da visão do mundo e do espírito nacional. E o sistema estatal baseia-se nos princípios e postulados da religião xintoísta, sobre os quais foi construída a ideologia do tennoísmo - o culto do poder imperial. A ideologia do Tennoísmo até aos dias de hoje tem sido

Capítulo 2: Definição das prioridades políticas do Japão do pós-guerra

O Japão do pós-guerra enveredou pelo caminho da construção de uma sociedade democrática. Tomando como base o modelo ocidental de desenvolvimento, preservando ao mesmo tempo a sua identidade nacional, o país ultrapassou com êxito as dificuldades económicas e políticas do final dos anos 40 e início dos anos 50, aproximando-se gradualmente do modelo clássico de democracia. O Imperador Hirohito do Japão, numa conferência de imprensa em 1977, numa tentativa de explicar alguns dos pontos do seu discurso de Ano Novo de 1946 (conhecido como a "Declaração do Homem"), observou que a adoção da democracia no Japão não foi tanto controlada pelos americanos, mas sim uma necessidade histórica. "Adoptámos a democracia porque era o desejo do Imperador Meiji..... A Constituição Meiji assenta nessa base e, por isso, penso que era imperativo mostrar que a democracia não é algo importado" [29,p 252].

No entanto, quando se fala de democracia real no Japão, não devemos esquecer que esta nunca foi peculiar à cultura política deste país, que é também caraterística de outros Estados na área do confucionismo. Apesar da tentativa de transição para a democracia durante o período Meiji, só se registaram mudanças sérias no sistema político do Japão após a sua derrota na Segunda Guerra Mundial. Ao mesmo tempo, não se perderam as tradições e a identidade nacional, porque a elite política mostrou o máximo de pragmatismo e avaliou a situação de forma realista. [30, c.161]

A singularidade da experiência japonesa foi assinalada por Samuel Huntington: "A civilização ocidental é simultaneamente ocidental e moderna. As civilizações não ocidentais tentaram tornar-se modernas sem se tornarem ocidentais. Até agora, apenas o Japão foi completamente bem sucedido neste processo" [31, p.51] As autoridades estatais, utilizando o Tennoísmo, estão a construir uma nova ideia nacional, que será capaz de unir o povo japonês para um maior desenvolvimento do país.

2.1 Tennoísmo - uma nova ideia nacional. A Casa Imperial - "ontem" e "hoje"

Imperador do Japão

As origens da casa imperial japonesa estão envoltas em curiosidades, lendas e preconceitos. Eis pelo menos um facto surpreendente: a dinastia reinante não foi interrompida durante, pelo menos, mil e quinhentos anos. Outro facto: ao contrário dos monarcas europeus, ao contrário de todas as outras famílias, casas, clãs e clãs japoneses, a casa imperial não tem apelido - algo impensável na Europa. A posição da casa reinante no Japão era tão peculiar e forte que, pura e simplesmente, não precisava de nenhum apelido"[32, p.25].

A figura do "imperador" japonês era sagrada. Mas era um tipo de sacralidade diferente do da Europa. Era uma espécie de inviolabilidade - no sentido em que o imperador japonês não se tornava objeto de representação pictórica ou verbal, ou fazia-o a um nível mínimo. O imperador japonês assemelha-se a uma divindade xintoísta, que, regra geral, também nunca é retratada. Com exceção dos antigos cofres mitológicos e das crónicas, temos muito poucas provas "vivas" que nos ajudem a retratar os governantes japoneses.

Nos tempos antigos, o governante de Yamato (Japão) era simplesmente chamado de "grande senhor" (ookimi). Se havia senhores (kimi), havia um grande senhor entre eles. Ou seja, o governante era "meramente" o primeiro entre iguais. No entanto, à medida que o território do Estado se expandia e a autoridade da família governante aumentava, era cada vez mais necessária uma justificação simbólica para tal posição.

Os governantes japoneses da antiguidade tinham pelo menos três nomes: de criança, de adulto e póstumo. De um ponto de vista ideológico, o mais importante era o nome póstumo multicomponente, que melhor reflectia o que a elite governante queria incutir em si própria e, ao mesmo tempo, em todos os outros. O nome póstumo do Imperador Temmu inclui a seguinte combinação de palavras, diretamente relacionada com o pensamento político chinês: Sábio Celestial de Oki (Oki no

Mahito), - uma das três montanhas sagradas taoístas, onde habitavam os sábios imortais. O imperador terreno era assim comparado a um senhor divino celestial. É por isso que os éditos imperiais usavam frequentemente a expressão "kamunagara" - "ser uma divindade". A sala do trono do governante era designada por "palácio púrpura" (sendo a púrpura a cor mais sagrada) ou por "Salão do Grande Limite". O conceito de Grande Limite exprimia a ideia do estado último do ser, a partir do qual nascem, por duplicação sucessiva, os primórdios feminino e masculino e, depois, todo o ser.

Os atributos do poder imperial no Japão são a espada, o espelho e o selo de jaspe. As espadas de ferro e os espelhos de bronze são encontrados em abundância nas escavações de antigos túmulos, ou seja, já se acreditava que tinham um poder sagrado. O selo, em todo o Extremo Oriente, é um atributo de certos poderes. Anteriormente, antes do início da influência chinesa, o papel do selo era desempenhado pelo magatama, uma placa de pedra semi-preciosa em forma de vírgula. Os três objectos são transmitidos de geração em geração quando um novo imperador sobe ao trono.

O brasão de armas da Casa Imperial é um crisântemo de dezasseis pétalas. É frequentemente representado como um símbolo do Estado moderno - por exemplo, nos passaportes estrangeiros. Na cultura japonesa, o crisântemo era considerado um sinal de longevidade, devido à sua conhecida resistência ao frio. A lenda conta que, perto de um rio, numa rocha, cresciam muitos crisântemos. O orvalho das flores rolava para a água, e as pessoas que bebiam água do rio distinguiam-se pela sua excelente saúde e longevidade. Daí a crença de que o vinho infundido com pétalas de crisântemo prolonga a vida até 8.000 anos.

A família governante do Japão considerava-se descendente da principal divindade do panteão xintoísta, Amaterasu. A posição dominante desta família estava originalmente condicionada pelo parentesco com a divindade do sol. Era o parentesco de sangue que conferia o trono ao imperador e aos seus descendentes, não desempenhando qualquer outra consideração. Nenhum dos possíveis rivais da família imperial podia afirmar que, em caso de derrube da casa reinante, alguém o reconheceria como soberano legítimo. Por conseguinte, quase não há tentativas de derrubar o imperador na história do Japão.

A ordem de sucessão no Japão não foi definida até à renovação Meiji. Atualmente, o trono é transmitido apenas através da linha direta masculina. Até então, qualquer membro da família governante podia, teoricamente, tornar-se imperador ou imperatriz. Por conseguinte, o facto de o imperador não ter filhos ou a ausência de filhos na sua descendência não levava à interrupção da dinastia, como aconteceu na história europeia e russa. No entanto, continuava a considerar-se preferível que os herdeiros masculinos diretos do tenno no poder assumissem o trono.

Salvo raras excepções, o imperador japonês nunca dispôs de todos os poderes executivos que os seus homólogos monárquicos europeus e russos possuíam. Assim, a presença do imperador japonês no teatro de guerra como comandante supremo parece absolutamente impossível. O tenno não sai dos limites da capital, não viaja nem dentro do país nem, sobretudo, para o estrangeiro, pois a sua principal função é permanecer no centro sacro, ou seja, no palácio. O imperador participa nos rituais como sumo sacerdote xintoísta, é venerado como uma divindade viva, mas é obrigado a manter a pureza ritual e, por conseguinte, não se ocupa de assuntos mundanos. O simples facto de estar no trono é a garantia mais segura de que o país está bem.

A outra função mais importante do imperador era o discurso, uma vez que era em seu nome que os decretos eram proclamados. Outra função do imperador era a gestão do tempo, tarefa que, nas sociedades antigas, era geralmente desempenhada pelos sacerdotes. Os calendários elaborados no final do ano eram distribuídos a todas as instituições e províncias em nome do governante. Assim, era o imperador que era o "mestre" do tempo futuro e regulava o seu curso. O imperador tinha também o direito de mudar o nome do lema antes do fim do seu mandato. Não existiam calendários puramente eclesiásticos no país. O imperador controlava o tempo passado com a ajuda das crónicas, que eram compiladas por funcionários e não por monarcas, como era costume na Rússia.

A estrutura do poder japonês ao longo dos últimos mil e quinhentos anos tem sido tal que o verdadeiro poder de comando tem sido quase sempre investido numa pessoa ou instituição que não o próprio imperador, tornando o tenno fundamentalmente invulnerável a qualquer crítica que lhe possa ser dirigida. Na Antiguidade, era o chefe de família. Na época medieval, eram os governantes militares, os shoguns, formalmente nomeados por decreto do soberano. Nos tempos modernos, a função de governar o país foi assumida pelo parlamento e pelo governo.

O estatuto atual do imperador, que a Constituição adoptada após o fim da Segunda Guerra Mundial define como símbolo da unidade da nação, inscreve-se bem na realidade histórica. Todos os inquéritos sociológicos mostram que são muito poucas as pessoas que seriam favoráveis à abolição da instituição do tenno[32, p.73].

A derrota do militarismo japonês em 1945 e a transformação democrática da sociedade que se seguiu significaram um enfraquecimento significativo da ideologia oficial do tennoísmo. No primeiro período do pós-guerra, sob a influência da ascensão sem precedentes do movimento democrático sob o controlo das autoridades de ocupação americanas, foi prosseguido um percurso para erradicar as principais manifestações do militarismo e do tennoísmo, para desmistificar os mitos sobre a origem "divina" do imperador e do Japão. Estas medidas foram estipuladas na Declaração de Potsdam de 1945, bem como na diretiva das autoridades de ocupação entregue ao governo japonês em 15 de dezembro de 1945 sobre a separação da religião xintoísta do Estado.

Entre as medidas tomadas para concretizar o percurso dos aliados vitoriosos contra o militarismo e o tennoísmo, destacam-se, em primeiro lugar, a renúncia do imperador à sua origem "divina" no seu discurso de Ano Novo ao povo, em 1946, a reforma democrática da educação, que aboliu a "educação moral" no espírito do tennoísmo nas escolas e, finalmente, a adoção de uma nova constituição democrática em 1947, que transferiu a soberania do país para o povo. O poder do imperador, de acordo com a Constituição, foi-lhe atribuído um carácter nominal - limitava-se ao estatuto de "símbolo do Estado e da unidade da nação". Esta foi a base para a designação na literatura japonesa do sistema estatal do pós-guerra como "shocho tennosei" - "sistema imperial simbólico".

Estas e outras reformas da estrutura social do Japão, apesar de marcarem uma nova fase qualitativa no desenvolvimento do país, não foram totalmente consistentes em minar as raízes religiosas do nacionalismo estatal. Por exemplo, a diretiva sobre a separação do xintoísmo do Estado ainda permitia que o imperador fosse retratado como o chefe espiritual do país e dava-lhe o direito de fazer peregrinações a templos xintoístas acompanhado por funcionários do Estado, embora formalmente como uma pessoa privada. A negação do imperador da sua origem "divina" começou com uma longa citação do "Juramento" do Imperador Meiji de 1869, que, segundo Hirohito, deveria servir doravante como "a base da política nacional" [6, pp. 179-180 [6, c. 179- 180]). A incoerência e a contradição da política de democratização do Japão do pós-guerra são também evidenciadas pela tentativa de combinar os princípios da monarquia constitucional com o princípio da soberania popular, que continua a ser motivo de discussão entre os juristas japoneses sobre a natureza do sistema estatal do país. O caminho decisivo para abandonar as tradições da ideologia nacionalista foi também dificultado pelo facto de, como escreveu o jornalista americano M. Gain, "a implementação da democratização ter sido confiada a um governo não democrático" [6, p. 191]. [6,c. 191]. Além disso, na política das autoridades de ocupação americanas, já na primavera de 1946 se verificava uma viragem no sentido da redução de muitas áreas de reestruturação democrática do Japão. Em abril de 1946, o quartel-general do general MacArthur recebeu uma ordem secreta do Comité de Coordenação dos Assuntos Externos, Militares e Navais de Washington, que apontava o perigo de reforçar a posição dos comunistas no caso de ser instaurada uma república no Japão e dava instruções sobre a forma de preservar o sistema imperial. MacArthur recebeu ordens para "promover secretamente a popularização da personalidade do imperador, não como um ser de origem divina, mas como um ser humano" [6, p. 201-202] [6, c. 201-202]. Tudo isto contribuiu para o facto de, imediatamente após a adoção da Constituição de 1947, os círculos no poder terem lançado uma campanha ideológica maciça para a preservação do "kokutai". Aparentemente, considerando as reformas democráticas como apenas uma concessão temporária e tencionando iniciar imediatamente actividades para emascular o conteúdo democrático das mudanças no sistema de poder do Estado, interpretando-as no espírito das atitudes anteriores à guerra. Como declarou o primeiro-ministro Shigeru Yoshida durante a discussão desta questão na sessão parlamentar, a nova disposição sobre "o imperador como símbolo do Estado e da unidade da nação" coincide com a ideia há muito estabelecida no espírito do povo japonês de que o imperador simboliza o Estado japonês e não contradiz as opiniões tradicionais sobre o regime monárquico no país como "a forma do Estado japonês que surgiu naturalmente" [32, p. 67]. [32, c. 67].

Assim, imediatamente após a abolição do sistema imperial consagrado na Constituição Meiji, iniciou-se a procura e o desenvolvimento de uma nova formulação do tennoísmo de acordo com a situação alterada. O termo "kokutai" acabou por desaparecer das doutrinas oficiais, mas isso não significou o abandono completo das atitudes nacionalistas incorporadas neste conceito.

A partir da primavera de 1946, as actividades controladas pelo governo começaram a restaurar o prestígio do imperador e a adaptá-lo ao seu novo papel nas novas condições. O processo de renascimento do Tennoísmo após a entrada em vigor da Constituição de 1947 pode ser dividido em três fases principais.

A primeira fase pode ser convencionalmente designada pelo período compreendido entre o final da década de 40 e a primeira metade da década de 60. Este foi o período de menor declínio do prestígio do imperador. De um modo geral, do ponto de vista do renascimento do tenentismo, este período de vinte anos pode ser caracterizado como uma época de procura de novos meios, formas e métodos de utilização do "sistema simbólico imperial" e de os testar na política oficial de influência ideológica e psicológica sobre as massas. A formulação ideológica do culto do imperador não tomou a forma de um conceito pormenorizado, limitando-se apenas a popularizar a "nova" imagcm do impcrador, alhcio à política c acima dc todas as classes e estratos da sociedade japonesa. Procuram-se formas de estabelecer e reforçar os laços entre o imperador, que renunciou à sua origem "divina", e os seus antigos súbditos, que se tornaram cidadãos soberanos, modificados do período do militarismo. Criavam-se lentamente no país as condições para o renascimento do culto do imperador, não como um soberano "divino" rodeado de uma auréola mística, intocável, separado do cidadão comum japonês por um sistema de tabus que assegurava uma "adoração a uma distância respeitosa", como acontecia antes de 1945, mas como um "humilde monarca constitucional próximo do povo". O principal impulso do renascimento do tennoísmo nos primeiros anos do pós-guerra foi um movimento para devolver ao xintoísmo o estatuto de religião do Estado. Como o xintoísmo sempre enfatizou mais o lado ritual do que o dogmático, a preservação, após a derrota na guerra, de muitos dos rituais do xintoísmo, que, como vimos, serviram para difundir o culto ao imperador e os sentimentos chauvinistas militaristas entre as massas, foi considerada pelos xintoístas como a garantia mais importante do sucesso de seus esforços para reavivar o papel político do xintoísmo. Neste contexto, uma vez que o imperador, que formalmente actuava como uma pessoa privada, continuava de facto a realizar ritos como sumo sacerdote da religião nacional do Japão, e após a sua renúncia à sua origem "divina", havia ainda uma base para honrar o imperador como guardião da cultura espiritual tradicional, o que permitia ao monarca constitucional do Japão manter um lugar implicitamente importante no sistema de símbolos nacionalistas.

Assim, em meados da década de 1960, surgiu uma tendência para reforçar o poder do "sistema imperial simbólico" e as forças reaccionárias de direita começaram a propor a transformação do imperador num verdadeiro chefe de Estado. No entanto, a natureza "não política" da atividade do imperador como símbolo da unidade da nação era frequentemente sublinhada em palavras. Nos discursos de muitos políticos do LDP era comum a afirmação de que, tradicionalmente, o imperador não era o detentor do poder político real, mas era o "centro da unidade da nação" como guardião da moralidade tradicional. E é graças a esta caraterística da instituição do poder imperial que ele não só "combina harmoniosamente" com o princípio da soberania popular, como pode mesmo contribuir para a "prosperidade mútua" do poder monárquico e do poder do povo [6, p. 205-206].

As autoridades japonesas estão a construir uma nova ideia nacional de nacionalismo estatal com base no tennoísmo. Isto é, um curso político de unir o povo do país para alcançar resultados elevados em todas as áreas do desenvolvimento do Estado. Por nacionalismo estatal no Japão (teikokusugi ou kokkasugi) entendemos a ideologia estatal historicamente específica e a prática da sua aplicação pelas autoridades do país para fins políticos. O nacionalismo japonês é uma construção ideológica especial criada há muito tempo pelas elites governantes para satisfazer as necessidades internas e externas da nação e os seus interesses específicos. E, a este respeito, a natureza do nacionalismo japonês pode ser compreendida e explicada tanto na perspetiva da teoria do perenialismo, que considera o desenvolvimento de uma nação na perspetiva da "longa duração". Ou seja, a componente de longo prazo e contínua no tempo do seu desenvolvimento histórico, e a partir das posições dos modernistas que vêem o desenvolvimento da nação e dos tipos de nacionalismo como o resultado da sua recente modernização. [4,231c]. Segundo a teoria modernista, é no período de modernização que o Estado e as elites dirigentes mobilizam e unem a nação com a ajuda de uma nova ideologia nacionalista, geralmente mais agressiva e ofensiva do que a anterior. E isso é feito para facilitar a adaptação e a manutenção no novo sistema de relações internacionais, cuja permanência estável, em regra, está associada a novos desafios e ameaças à sobrevivência da nação

Parece-nos que esta abordagem à compreensão do nacionalismo de Estado japonês moderno nos permite realçar a sua caraterística específica, que mostra que está a desenvolver-se não tanto como uma ideologia moderna independente, como o liberalismo, o conservadorismo, o socialismo, com o seu próprio conjunto de ideias e sistema de valores, mas apenas como uma substituição hábil dos mesmos, que é deliberadamente introduzida pelo Estado na consciência pública de massas através da disseminação de sentimentos emocionais, patriotismo e a necessidade de desenvolver a ideologia nacionalista.

Por outras palavras, o nacionalismo de Estado japonês pós-Guerra Fria é uma ideologia de Estado altamente exigida pelo governo e pela sociedade para efeitos de sobrevivência da nação no século XXI. Esta ideologia, como qualquer outra ideologia de Estado, pode ser vista como progressista ou reacionária, reflectindo opiniões e crenças políticas de esquerda ou de direita. Mas na sua ausência ou fraqueza, o Japão estaria condenado a perder a posição económica e política de potência mundial que conquistou na segunda metade do século XX. Ao definir o nacionalismo em geral, Max Weber sublinhou um dia, corretamente, na nossa opinião, que o nacionalismo é uma ideologia criada pelas autoridades para a sociedade e que lhe oferece a sua "história" sobre uma "boa" nação, sobre as suas relações com o Estado e com os outros países. As autoridades japonesas, activando hoje a ideologia do nacionalismo de Estado, "contam" à sociedade, a partir de posições positivas, sobre a singularidade especial da nação japonesa, sobre o seu enorme potencial criativo, bem como sobre as tarefas das autoridades para a preservar e melhorar. Ao mesmo tempo, a elite dirigente do Japão dá sempre a entender cuidadosamente à nação que a sua sobrevivência no ambiente hostil do mundo no século XXI só é possível através da união dos esforços colectivos de todos os japoneses "sob a liderança do imperador e do Estado" para defender a independência e a soberania do país e cumprir as tarefas prioritárias do desenvolvimento nacional.

O nacionalismo de Estado japonês na fase atual do seu desenvolvimento é um complexo de visões ideológicas e práticas políticas das autoridades japonesas, em que o lugar central é dado à manipulação da consciência de massa do povo japonês em nome da nação e em seu benefício. Ao mesmo tempo, as autoridades são bastante eficazes na doutrinação do povo japonês com as ideias da sua superioridade nacional sobre outras nações e na consolidação do Estado-nação nesta base. É de salientar que o nacionalismo e a ideologia nacionalista no Japão não diminuíram no início do século XXI, ao contrário da trajetória descendente de desenvolvimento deste fenómeno prevista por vários teóricos (por exemplo, Anthony Smith), mas, pelo contrário, estão a ganhar força. Isto deve-se, em nossa opinião, à circunstância decisiva de as autoridades japonesas, mesmo no início do século XXI, verem a sua missão histórica em impedir a entrada na sociedade japonesa de novas forças globais com ideologias estranhas aos japoneses, que só podem destruir a unidade da nação e a sua "singularidade"[4, 244c.]. Talvez continue a sê-lo no futuro. E isso deve-se apenas ao facto de o nacionalismo, enquanto ideologia de Estado no Japão, ter sempre encontrado o apoio da esmagadora maioria da sociedade, sendo inseparável da existência e sobrevivência da nação japonesa e do Estado japonês. As autoridades manipulam subtilmente os sentimentos nacionais, os mitos e a cultura tradicional japonesa. Estão prontas, a qualquer momento, a corrigir os desvios emergentes na ideologia nacional e a orientá-la na direção certa. As autoridades do Japão moderno estão interessadas em fazer todos os esforços para "despertar o nacionalismo adormecido na sociedade", com base no entendimento de que se trata de um "nacionalismo saudável para a nação".

Na viragem dos séculos XX-XXI, estamos a assistir a um renascimento do nacionalismo japonês, quando, após a Guerra Fria, o período de ocupação americana terminou essencialmente para o Japão e os Estados Unidos o deixaram "flutuar livremente" no novo sistema caótico e instável de relações internacionais do mundo multipolar, que substituiu a ordem mundial bipolar relativamente estável. A atual elite governante do Japão (independentemente do partido político que está no poder hoje no Japão - conservadores ou democratas) está confiante na sua capacidade de mobilizar o nacionalismo tradicional japonês. As autoridades japonesas provaram que são capazes de ressuscitar (após a primeira derrota da nação na história do Estado, na Segunda Guerra Mundial) um fenómeno único - o Estado-nação japonês, apesar dos sérios esforços dos EUA para o destruir pela raiz. Isto só foi possível graças à utilização do nacionalismo tradicional como principal "material de construção". Como resultado, as autoridades japonesas asseguraram o desenvolvimento progressivo do Estado-nação, um crescimento económico equilibrado e versátil, um elevado nível de vida para a maioria da população e canais abertos de comunicação e auto-expressão para os japoneses. Através da ideologia do nacionalismo no Japão, foi criada uma população organizada, eficiente e reactiva e, mais importante ainda, uma elite política madura, moralmente correta, limpa e flexível. Com base na ideologia do nacionalismo, as autoridades japonesas aprenderam a reproduzir um modelo de desenvolvimento nacional geralmente bem sucedido, que assegurava a soberania nacional e a independência da nação. O Estado-nação no Japão provou a possibilidade de existência estável de uma nação com uma identidade nacional homogénea que pode servir de modelo de desenvolvimento nacional saudável para muitos países do mundo.[3, p 2] As autoridades japonesas continuarão a fazer esforços consistentes para reforçar o "espírito da nação", sem, evidentemente, recorrer à propaganda racista sob a forma de "forma do crânio, pureza do sangue ou genes", ou apelar ao público para a violência ou para uma cultura de crueldade, como é frequentemente feito pelas autoridades de outros Estados. Os círculos dirigentes japoneses, ao contrário das práticas nacionalistas de muitos países, não pretendem, na sua propaganda da ideologia do nacionalismo, criar um sentimento de repulsa na sociedade. Pelo contrário, têm como objetivo manter a crença dos japoneses na superioridade da nação e do Estado japoneses e difundir a ideologia nacionalista, especialmente entre os jovens japoneses. As autoridades do país vão processar subtilmente a consciência das futuras gerações de japoneses, trabalhando "a longo prazo". As autoridades japonesas conseguem fazê-lo eficazmente, apesar de os japoneses viajarem muito por todo o mundo, viverem no seu território juntamente com migrantes de outros países e existirem num mundo de vastos mercados transnacionais e globalizados, de consumismo global e de comunicações de massas.

Assim, hoje podemos falar da restauração de uma ideologia que serve os interesses das forças nacionalistas na realidade política japonesa. E o mais importante aqui é que o objetivo final desta atividade é influenciar as mentes da geração mais jovem de japoneses na direção desejada pelas autoridades. Os nacionalistas japoneses trabalham atualmente nos poderes legislativo e executivo do governo, nas escolas e nas universidades. Já formaram uma rede de organizações que apoiam a ideologia nacionalista em todo o país. Ao mesmo tempo, os nacionalistas japoneses não trabalham no seio de estruturas de elite, cujas actividades não são particularmente visíveis à superfície, mas vão ao encontro do povo, espalhando a ideologia nacionalista: corrigem os manuais escolares e influenciam a consciência de massa dos japoneses através dos meios de comunicação social.

As ideias nacionalistas ressoam e são compreendidas em círculos influentes da sociedade japonesa. Toda a história do Japão é uma história de interação com outras culturas. São qualidades dos japoneses como a tolerância, a capacidade de adaptação e a absorção de elementos de outras culturas que se tornaram os pré-requisitos para a rápida modernização do país. A interação cultural é um processo natural e inevitável do desenvolvimento civilizacional. No entanto, devido às diferenças entre culturas e sistemas de valores, qualquer fenómeno adaptado por outra cultura assume uma nova aparência através de um período de assimilação e reinterpretação. Ao longo da história moderna, a identidade japonesa formou-se no sistema de coordenadas definido por dois pólos - Oriente e Ocidente - e gravitou alternadamente para um e outro pólo. [4, c.48]

Para determinar o que o Japão se tornou atualmente e o que os próprios japoneses dizem sobre a sua nação, tomemos alguns juízos típicos sobre o Japão de hoje, relacionados com a identidade nacional, que são comuns aos japoneses, mas em maior medida à consciência de massa ocidental, e mostremos que muitos deles são estereótipos achatados e esquematizados. O Japão é uma sociedade democrática moderna, dominada por valores liberais.

Em 2008, o Instituto de Estatística Matemática realizou uma sondagem de opinião que perguntava, pela primeira vez, se o Japão deveria ser uma sociedade de livre concorrência ou uma sociedade que apoia os fracos. A resposta surpreendeu os investigadores. Apenas 22% eram a favor da livre concorrência, enquanto 73% eram a favor do apoio aos mais fracos. [Isto prova mais uma vez o espírito de coletivismo dos japoneses, que têm a certeza de que só com ajuda e assistência mútuas conseguirão avançar para um futuro brilhante. Assim, chegarão a uma harmonia comum e reduzirão o nível de distinção social.

A nível institucional, o Japão atual não é muito diferente dos padrões ocidentais contemporâneos. O Japão do pós-guerra interiorizou organicamente o sistema de pesos e contrapesos e está habituado a realizar eleições de acordo com as normas democráticas ocidentais. O sistema multipartidário funciona, em grande medida, de acordo com cânones bem estudados. O Japão, com algumas reservas, pode servir de exemplo de mecanismos democráticos que funcionam bem e, certamente, em termos de parâmetros institucionais, representa uma sociedade de estilo ocidental plenamente formada.

No entanto, são imediatamente visíveis diferenças significativas se analisarmos as especificidades do funcionamento destas instituições. Tendo tomado emprestado do Ocidente os principais elementos do sistema institucional democrático moderno, a sociedade japonesa sobrepôs-lhes algumas caraterísticas tradicionais da cultura política nacional. As instituições democráticas de tipo ocidental funcionam numa base distintamente diferente. Por exemplo, é bem sabido que as decisões políticas importantes no Japão são, regra geral, tomadas pelos líderes das facções parlamentares e só depois aprovadas por votação no parlamento ou pelo governo.

Naturalmente, as manobras de bastidores são também caraterísticas das sociedades ocidentais, mas no Japão os procedimentos de coordenação complexa e de procura de consenso são como que consagrados pela tradição e desempenham um papel fundamentalmente mais importante do que no Ocidente.

Os japoneses continuam a valorizar a estabilidade acima da simplicidade dos procedimentos democráticos e da omnipotência da imprensa, que pode causar tumultos desnecessários e destruir a estabilidade que se preza.

Os japoneses são atualmente mais indiferentes ao seu país do que eram no passado. Muitas pessoas recordam o Japão dos anos 60 e 70, varrido por uma onda de orgulho nacional, que num só impulso construiu o seu "milagre económico". Sabe-se que no final da década de 1940 e início da década de 190, os japoneses limitaram maciçamente o consumo pessoal e direccionaram parte das suas poupanças para o desenvolvimento do país, a fim de ultrapassarem as consequências da guerra. Como se pode ver no quadro 2 [6, c139], o sentimento de amor pelo país tem-se mantido bastante estável nos últimos 20 anos e, em geral, este indicador tem-se situado acima dos 50%. É de salientar que se regista uma tendência ascendente nos últimos anos e que, em 2008, o índice atinge o seu pico - 57%. O índice atinge o seu pico de 57%. A mesma estabilidade é demonstrada por este índice para aqueles que têm pouco apego ao seu país e para aqueles que são indiferentes. Pode concluir-se que o sentimento de amor pelo Japão é praticamente independente das crises e dos acontecimentos políticos.

Se olharmos para a distribuição das respostas por categorias de idade (quadro 3) [7, p. 139], surge um quadro muito mais interessante. Em primeiro lugar, é surpreendente que, na faixa etária dos 20-29 anos, apenas 4,1% dos inquiridos admitam ter um forte amor pelo seu país. Na categoria dos 70 anos, há 41,2% de verdadeiros patriotas. Isto é 10 vezes mais! Entre os que não sentem qualquer amor pelo Japão, os jovens de 20 anos são quase três vezes mais numerosos do que os de 70 anos. É no grupo etário dos 20 aos 39 anos que se observa a maior indiferença em relação ao seu país. No entanto, convém esclarecer que alguns jovens gostam simplesmente de eufemizar os outros com o seu cosmopolitismo. A partir dos 40 anos, os sentimentos patrióticos começam a aumentar. Isto sugere que os jovens no Japão, devido à sua idade imatura e à influência da globalização, são de facto um grupo com uma atitude especial em relação ao patriotismo.

Outra caraterística importante da sociedade japonesa é o trabalho árduo. A "Teoria dos Japoneses" proclama: para os habitantes da Terra do Sol Nascente, o trabalho representa um valor próprio, e o rendimento e o sucesso são subprodutos do trabalho auto-esquecido. Um dos estereótipos socioculturais do Japão tradicional é o de que o homem vive não em função de si próprio, mas em função dos seus "vizinhos" e do ambiente natural. O trabalho era considerado quase a única forma de pagar "dívidas", e os japoneses devem a toda a gente à sua volta - pais, professores, colegas, amigos, empresa, nação, o mundo inteiro. O trabalho árduo como traço de carácter nacional continua a ser respeitado. De acordo com o Instituto de Estatística Matemática, em 1958, o trabalho árduo era um valor prioritário para 55% dos inquiridos e, meio século depois, em 2008, 67% dos inquiridos consideravam-no um ponto forte do carácter nacional japonês[8, p 153].

A educação de uma criança desempenha um papel importante na sociedade japonesa. Na geração mais jovem é necessário educar todas as qualidades dignas do povo japonês, transmitir toda a riqueza espiritual, a cultura, as tradições, a história, a visão do mundo, a ideologia - afinal, é esta a garantia de um futuro brilhante e estável da nação. E não é de estranhar que toda a responsabilidade pela parte educativa recaia sobre os ombros da mãe. Normalmente, a mãe japonesa fica em casa até o bebé ter três anos, após os quais este é entregue a um jardim de infância. Existem também infantários no Japão, mas a educação de uma criança pequena não é encorajada. É opinião geral que as crianças devem ser cuidadas pela mãe. Se uma mulher leva o seu filho para um infantário e vai trabalhar, o seu comportamento é muitas vezes visto como egoísta. Diz-se que essas mulheres não se dedicam suficientemente à família e que colocam os seus interesses pessoais em primeiro lugar. E na moral japonesa, o social prevalece sempre sobre o pessoal. Mas quando uma criança tem três anos, é enviada para o jardim de infância. Segundo os japoneses, uma criança desde a primeira infância deve ser capaz de se comportar num coletivo, de se familiarizar com o espírito do coletivismo. Os grupos nos jardins-de-infância japoneses são pequenos: 6 a 8 pessoas. E de seis em seis meses, a sua composição é reformulada. Isto é feito para dar às crianças mais oportunidades de socialização. Se uma criança não tiver desenvolvido relações num grupo, é bem possível que faça amigos noutro. Os prestadores de cuidados também estão constantemente a mudar. Isto é feito para que as crianças não se habituem demasiado a eles. Os japoneses acreditam que este tipo de ligação cria a dependência das crianças em relação aos seus tutores. Que tipo de aulas são dadas no jardim de infância? As crianças aprendem a ler, a contar, a escrever, ou seja, são preparadas para a escola. Se a criança não frequenta o jardim de infância, essa preparação é feita pela mãe ou por "escolas" especiais, que se assemelham a círculos e estúdios russos para crianças em idade pré-escolar. Mas a principal tarefa de um jardim de infância japonês não é educativa, mas sim pedagógica: ensinar a criança a comportar-se num coletivo. Na sua vida futura, terá de estar sempre em grupo e esta competência será necessária. As crianças são ensinadas a analisar os conflitos que surgiram nos jogos. Neste caso, deve-se tentar evitar a competição, porque a vitória de um pode significar a "perda da face" do outro. A solução mais produtiva para os conflitos, segundo os japoneses, é o compromisso. Mesmo na antiga Constituição do Japão estava escrito que a principal dignidade de um cidadão é a capacidade de evitar contradições. Não é costume interferir nas discussões das crianças. Acredita-se que isso as impede de aprender a viver em coletivo. Um lugar importante no sistema educativo é ocupado pelo canto coral. De acordo com as ideias japonesas, destacar um solista não é pedagógico. E cantar em coro ajuda a cultivar o sentido de unidade com o coletivo. Depois do canto, é a vez dos jogos desportivos: corridas de estafetas, salki, catch-up. É interessante que as professoras, independentemente da idade, participem nestes jogos em pé de igualdade com as crianças. Cerca de uma vez por mês, todo o jardim de infância faz uma caminhada de um dia inteiro nos arredores. Os locais podem ser muito diferentes: a montanha mais próxima, o jardim zoológico, o jardim botânico. Nestas caminhadas, as crianças não só aprendem algo de novo, como também aprendem a ser resistentes e a suportar as dificuldades. É dada muita atenção às actividades artísticas e artesanais: desenho, aplicações, origami, oyachiro (tecer padrões com uma corda fina esticada nos dedos). Estas actividades desenvolvem perfeitamente a motricidade fina, necessária para que as crianças em idade escolar possam escrever hieróglifos. No Japão, as crianças não são comparadas umas com as outras. Um professor nunca marca o melhor e repreende o pior, não diz aos pais que o seu filho desenha mal ou corre melhor. Não é costume distinguir alguém. Mesmo nos eventos desportivos, não há competição - a amizade ou, em casos extremos, uma das equipas ganha. "Não se destacar" é um dos princípios da vida japonesa. Mas nem sempre conduz a resultados positivos.

Assim, uma nova ideia nacional ajudou o Japão do pós-guerra a restaurar o seu Estado e a encontrar um caminho estratégico para o desenvolvimento do país. A ideia nacional baseava-se na ideologia do tennoísmo e do nacionalismo estatal. A ideologia do tennoísmo foi utilizada para não nos perdermos, recordando o imperador, as tradições, os costumes e a religião do povo japonês. A ideologia do nacionalismo foi utilizada para unir o povo, para o fazer acreditar e compreender a sua singularidade, que juntos são capazes de fazer muito. O nacionalismo de Estado japonês após a Guerra Fria é uma ideologia de Estado, que é altamente exigida pelo governo e pela sociedade com o objetivo de sobrevivência da nação no século XXI. O nacionalismo de Estado japonês na fase atual do seu desenvolvimento é um complexo de visões ideológicas e práticas políticas das autoridades japonesas, em que o lugar central é dado à manipulação da consciência de massa dos japoneses em nome da nação e em seu benefício. Ao mesmo tempo, as autoridades doutrinam eficazmente os japoneses com as ideias da sua superioridade nacional sobre outras nações e consolidam o Estado-nação nesta base. E o mais importante aqui é que o objetivo final desta atividade é influenciar as mentes da geração mais jovem de japoneses na direção desejada pelas autoridades. Os nacionalistas japoneses estão agora a trabalhar nos ramos legislativo e executivo do governo, nas escolas e nas universidades. Já formaram uma rede de organizações que apoiam a ideologia nacionalista em todo o país. Ao mesmo tempo, os nacionalistas japoneses não trabalham dentro de estruturas de elite, cujas actividades não são particularmente visíveis à superfície, mas vão ao encontro do povo, espalhando a ideologia nacionalista: corrigem os manuais escolares e influenciam a consciência de massa dos japoneses através dos meios de comunicação social.

2.2 O sistema político moderno do Japão

O Japão é um Estado unitário democrático de direito, cuja forma de governo é uma monarquia parlamentar. Os princípios de governação são determinados pela atual Constituição (a lei suprema do país), que confere o poder soberano ao povo, garante os direitos humanos fundamentais (respeito por todas as pessoas enquanto indivíduos, igualdade de todas as pessoas perante a lei, direito de eleger e destituir funcionários públicos, direito de apresentar petições pacíficas para obter reparação de queixas, destituição de funcionários públicos, promulgação, revogação ou alteração de leis, decretos e regulamentos, liberdade de pensamento e de consciência, reunião e associação e direito à liberdade de associação, reunião e associação.

A Constituição estipula especificamente o estatuto do imperador, que é um símbolo do Estado e da unidade do povo, mas não está investido de poderes relacionados com o exercício do poder estatal, e define as áreas de competência do Parlamento, do Gabinete e do governo local.

Imperador do Japão

As origens da casa imperial japonesa estão envoltas em curiosidades, lendas e preconceitos. Eis pelo menos um facto surpreendente: a dinastia reinante não foi interrompida durante, pelo menos, mil e quinhentos anos. Outro facto: ao contrário dos monarcas europeus, ao contrário de todas as outras famílias, casas, clãs e clãs japoneses, a casa imperial não tem apelido - algo impensável na Europa. A posição da casa reinante no Japão era tão peculiar e forte que, pura e simplesmente, não precisava de um apelido.

A figura do "imperador" japonês era sagrada. Mas era um tipo de sacralidade diferente do da Europa. Era uma espécie de inviolabilidade - no sentido em que o imperador japonês não se tornava objeto de representação pictórica ou verbal, ou fazia-o a um nível mínimo. O imperador japonês assemelha-se a uma divindade xintoísta, que, regra geral, também nunca é retratada. Com exceção dos antigos cofres mitológicos e das crónicas, temos muito poucas provas "vivas" que nos ajudem a retratar os governantes japoneses.

Nos tempos antigos, o governante de Yamato (Japão) era simplesmente chamado de "grande senhor" (ookimi). Se havia senhores (kimi), havia um grande senhor entre eles. Ou seja, o governante era "meramente" o primeiro entre iguais. No entanto, à medida que o território do Estado se expandia e a autoridade da família governante aumentava, era cada vez mais necessária uma justificação simbólica desta posição.

Os governantes japoneses da antiguidade tinham pelo menos três nomes: de criança, de adulto e póstumo. De um ponto de vista ideológico, o mais importante era o nome póstumo multicomponente, que melhor reflectia o que a elite governante queria incutir em si própria e, ao mesmo tempo, em todos os outros. O nome póstumo do Imperador Temmu inclui a seguinte combinação de palavras, diretamente relacionada com o pensamento político chinês: Sábio Celestial de Oki (Oki no Mahito), - uma das três montanhas sagradas taoístas, onde habitavam os sábios imortais. O imperador terreno era assim comparado a um senhor divino celestial. É por isso que os éditos imperiais usavam frequentemente a expressão "kamunagara" - "ser uma divindade". A sala do trono do soberano era designada por "palácio púrpura" (sendo a púrpura a cor mais sagrada) ou por "Salão do Grande Limite". O conceito de Grande Limite exprimia a ideia do estado último do ser, a partir do qual nascem, por duplicação sucessiva, os primórdios feminino e masculino e, depois, todo o ser.

Os atributos do poder imperial no Japão são uma espada, um espelho e um selo de jaspe. As espadas de ferro e os espelhos de bronze são encontrados em abundância nas escavações de antigos túmulos, ou seja, já se acreditava que tinham um poder sagrado. O selo, em todo o Extremo Oriente, é um atributo de certos poderes. Anteriormente, antes do início da influência chinesa, o papel do selo era desempenhado pelo magatama, uma placa de pedra semi-preciosa em forma de vírgula. Os três objectos são transmitidos de geração em geração quando um novo imperador sobe ao trono.

O brasão de armas da Casa Imperial é um crisântemo de dezasseis pétalas. É frequentemente representado como um símbolo do Estado moderno - por exemplo, nos passaportes estrangeiros. Na cultura japonesa, o crisântemo era considerado um sinal de longevidade, devido à sua conhecida resistência ao frio. A lenda conta que, perto de um rio, numa rocha, cresciam muitos crisântemos. O orvalho das flores rolava para a água, e as pessoas que bebiam água do rio distinguiam-se pela sua excelente saúde e longevidade. Daí a crença de que o vinho infundido com pétalas de crisântemo prolonga a vida até 8.000 anos.

A família governante do Japão considerava-se descendente da principal divindade do panteão xintoísta, Amaterasu. A posição dominante desta família estava originalmente condicionada pelo parentesco com a divindade do sol. Era o parentesco de sangue que conferia o trono ao imperador e aos seus descendentes, não desempenhando qualquer outra consideração. Nenhum dos possíveis rivais da família imperial podia afirmar que, em caso de derrube da casa reinante, alguém o reconheceria como soberano legítimo. Por conseguinte, quase não há tentativas de derrubar o imperador na história do Japão.

A ordem de sucessão no Japão não foi definida até à renovação Meiji. Atualmente, o trono é transmitido apenas através da linha direta masculina. Até então, qualquer membro da família governante podia, teoricamente, tornar-se imperador ou imperatriz. Por conseguinte, o facto de o imperador não ter filhos ou a ausência de filhos na sua descendência não levava à interrupção da dinastia, como aconteceu na história europeia e russa. No entanto, continuava a considerar-se preferível que os herdeiros masculinos diretos do tenno no poder assumissem o trono.

Salvo raras excepções, o imperador japonês nunca dispôs de todos os poderes executivos que os seus homólogos monárquicos europeus e russos possuíam. Assim, a presença do imperador japonês no teatro de guerra como comandante supremo parece absolutamente impossível. O tenno não sai dos limites da capital, não viaja nem dentro do país nem, sobretudo, para o estrangeiro, pois a sua principal função é permanecer no centro sacro, ou seja, no palácio. O imperador participa nos rituais como sacerdote chefe xintoísta e é venerado como uma divindade viva, mas é obrigado a manter a pureza ritual e, por conseguinte, não se ocupa de assuntos mundanos. O simples facto de estar no trono é a garantia mais fiável de que as coisas estão a correr bem no país. A outra função mais importante do imperador é a função de orador, porque era em seu nome que os decretos eram proclamados. Outra função do imperador era a gestão do tempo, uma tarefa que, nas sociedades antigas, era geralmente desempenhada pelos sacerdotes. Os calendários elaborados no final do ano eram distribuídos a todas as instituições e províncias em nome do governante. Assim, era o imperador que era o "mestre" do tempo futuro e regulava o seu curso. O imperador tinha também o direito de mudar o nome do lema antes do fim do seu mandato. Não existiam calendários puramente eclesiásticos no país. O imperador controlava o tempo passado com a ajuda das crónicas, que eram compiladas por funcionários e não por monarcas, como era costume na Rússia.

A estrutura do poder japonês ao longo dos últimos mil e quinhentos anos tem sido tal que o verdadeiro poder de comando tem sido quase sempre investido numa pessoa ou instituição que não o próprio imperador, tornando o tenno fundamentalmente invulnerável a qualquer crítica que lhe possa ser dirigida. Na Antiguidade, era o chefe de família. Na época medieval, eram os governantes militares, os shoguns, formalmente nomeados por decreto do soberano. Nos tempos modernos, a função de governar o país foi assumida pelo parlamento e pelo governo.

O estatuto atual do imperador, que a Constituição do pós-Segunda Guerra Mundial define como símbolo da unidade da nação, corresponde bem às realidades históricas. Todos os inquéritos sociológicos revelam que são muito poucas as pessoas que seriam favoráveis à abolição da instituição do tenno.

Constituição do Japão de 1947.

Preparação e adoção da Constituição. Em 1946, pouco depois da derrota do Japão na Segunda Guerra Mundial, o Governo japonês, com a ajuda de um grupo de conselheiros, preparou um primeiro projeto de Constituição do Japão. O projeto manteve muitas das disposições da primeira constituição conservadora do país, de 1889, que consagrava o enorme poder do imperador e um sistema burocrático militarista. O projeto foi apresentado ao parlamento, mas provocou uma reação negativa por parte da opinião pública japonesa e da Comissão do Extremo Oriente criada pelos países vencedores. Como resultado, o projeto foi retirado e, por insistência da Comissão do Extremo Oriente, o governo submeteu à Dieta um novo texto, essencialmente redigido no quartel-general das forças de ocupação americanas. Na preparação do segundo projeto, foram utilizados alguns princípios do direito anglo-saxónico, novos aspectos do desenvolvimento do direito constitucional no mundo (por exemplo, disposições sobre os direitos sociais e económicos dos cidadãos), bem como um projeto privado de constituição preparado por um grupo de autores japoneses com base na Constituição de Weimar da Alemanha em 1919.

O segundo projeto, vencendo a resistência dos círculos reacionários, foi adotado pelo Parlamento no outono de 1946 e, após ter recebido a aprovação da Comissão do Extremo Oriente, entrou em vigor em 3 de maio de 1947.

As principais disposições da Constituição. A Constituição do Japão é curta: é composta por 103 artigos curtos. Ao contrário da Constituição de 1889, proclama o princípio da soberania popular. O imperador é destituído de poder e permanece apenas um símbolo da nação. O Parlamento é proclamado o órgão supremo do Estado e o único órgão legislativo. A Constituição fala de alguns valores comuns da humanidade, da necessidade de seguir princípios universais de moralidade política, de que nenhum Estado deve agir apenas em função dos seus próprios interesses e ignorar os interesses dos outros.

A Constituição do Japão teve em conta a triste experiência da derrota militar do país pelos Estados Unidos com recurso a armas nucleares: a Constituição contém disposições de princípio contra a guerra. Afirma que o povo japonês está determinado a evitar os horrores de uma nova guerra resultante da ação governamental. A Constituição tem um capítulo especial sobre a "renúncia à guerra", que contém um artigo (art. 9.º) que os círculos reacionários japoneses tentaram repetidamente, mas sem sucesso, rever. Este artigo estipula que o povo japonês renuncia para sempre à guerra como um direito soberano da nação, bem como à ameaça ou uso da força como meio de resolver disputas internacionais. Para o efeito, a Constituição declara que nunca será criada qualquer força terrestre, naval ou aérea, ou qualquer outro meio de guerra. O Japão tem um Corpo de Defesa, essencialmente as forças armadas do país, mas gasta cerca de 1% do orçamento de Estado na sua manutenção. A disposição constitucional que prevê que o governo do país seja constituído apenas por civis tem também como objetivo evitar o ressurgimento do militarismo.

A Constituição japonesa contém uma vasta lista de direitos e liberdades dos cidadãos. Para além dos direitos pessoais tradicionais, das disposições relativas à abolição das propriedades privilegiadas (principados, nobreza, etc.), de uma lista de direitos políticos tradicionais (liberdade de expressão, de associação, etc.), a

Constituição consagra alguns direitos sociais e económicos (trabalho, educação, etc.).

A Constituição estabelece o sistema de órgãos estatais e as suas relações, caraterísticos de uma monarquia constitucional. Em termos de estrutura territorial e política, o Japão é um Estado unitário com uma ampla autonomia local das unidades administrativo-territoriais (na prática, esta autonomia é mais restrita do que a prevista na lei). O país tem um regime de Estado democrático.

Alterar a Constituição. A Constituição prevê um procedimento bastante rigoroso para a sua alteração. Só é possível por iniciativa do Parlamento, e as alterações requerem a aprovação de 2/3 do número total de membros de cada uma das suas duas câmaras. As alterações devem então ser submetidas a referendo para aprovação, ou devem ser reconsideradas e aprovadas por um novo parlamento, para o qual podem ser realizadas eleições parlamentares especiais. Uma vez concluído um destes procedimentos, considera-se que a alteração constitucional foi efectuada. A Constituição do Japão não é alterada desde 1947.

Controlo da constitucionalidade. A decisão final sobre a inconstitucionalidade de um ato normativo (lei, decreto, ato administrativo) no Japão, tal como nos EUA, é tomada pelo Supremo Tribunal. Contudo, ao contrário do que acontece nos EUA, a questão da constitucionalidade é discutida e decidida fora do processo penal ou civil. No Japão, uma ação especial sobre a inconstitucionalidade de um ato é intentada no tribunal de primeira instância e o caso pode ser levado ao Supremo Tribunal pela hierarquia. No Japão, este tribunal é conservador e raramente declara a inconstitucionalidade de actos legislativos: apenas uma disposição de uma lei foi declarada inconstitucional durante todo o seu período de funcionamento.

A situação jurídica do Imperador do Japão.

Teoricamente, de acordo com o conceito de separação de poderes, o ramo do poder executivo pode incluir o Imperador (Chefe de Estado) e o Governo (Gabinete de Ministros), mas na realidade apenas o Governo tem poder. A Constituição estipula que o poder executivo é exercido pelo Gabinete de Ministros.

Imperador. O Japão tem um sistema sálico de sucessão ao trono: o trono passa para o filho mais velho, as mulheres não podem herdar o trono. O reinado de cada imperador é proclamado como uma era especial e, a partir da data de subida ao trono do novo imperador, é efectuada a cronologia oficial (desde 1989 - a era do imperador Akihito). De acordo com a Lei da Casa Imperial de 1947, a ordem de sucessão é assegurada pelo Conselho da Casa Imperial, composto por dois membros da família imperial, o primeiro-ministro, os presidentes e vice-presidentes das câmaras e um membro do Supremo Tribunal.

Tradicionalmente, a vida do imperador, que costumava ser considerado um "filho do céu" de origem divina (a sua origem divina foi negada pela primeira vez pelo imperador Hirohito em 1946), bem como a da sua família, estava rodeada de mistério, com os funcionários do governo e a corte imperial a protegerem-no do contacto com as pessoas comuns. Mas, nos últimos anos, a abertura da vida do imperador e da sua família tem vindo a aumentar (a mulher do imperador Akihito provém de uma família simples).

O imperador é uma pessoa inviolável e não tem qualquer responsabilidade - civil, penal, administrativa. O governo e os ministros são responsáveis pelos seus actos. O imperador e os membros da sua família recebem fundos do orçamento de Estado para as suas necessidades, mas o montante desses fundos é reduzido. Os assuntos quotidianos do imperador e da sua família são tratados pelo Departamento da Corte Imperial, que está ligado ao Gabinete do Primeiro-Ministro. A transferência de bens para os membros da família imperial e a receção de presentes só podem ser efectuadas com a autorização do Parlamento.

Tanto constitucional como efetivamente, o imperador não tem qualquer poder pessoal. Ao contrário da ordem anterior, ele é apenas um símbolo da unidade do Estado e da unidade do povo, uma pessoa que deve a sua posição ao povo (art. 1.º da Constituição). O imperador não tem poderes de poder estatal; todas as suas acções relacionadas com os assuntos do Estado são realizadas apenas com o conselho e consentimento do Gabinete de Ministros. O imperador desempenha principalmente funções cerimoniais de natureza política externa, participa em celebrações oficiais e feriados nacionais e assina os documentos que lhe são apresentados pelo Primeiro-Ministro.

Por decisão do Conselho de Ministros, o Imperador exerce as seguintes funções: promulga alterações constitucionais, leis, publica decretos governamentais, tratados internacionais, convoca o Parlamento e dissolve a Câmara Baixa, fixa a data das eleições legislativas, certifica as nomeações e demissões dos ministros e de outros altos funcionários, confirma as credenciais dos embaixadores e enviados, recebe os embaixadores estrangeiros e as suas credenciais, confirma amnistias, concede prémios e honras. Nomeia o Primeiro-Ministro por decisão do Parlamento e, sob proposta deste último, os membros do Governo e o Presidente do Supremo Tribunal.

A maioria destes poderes é tradicionalmente reservada ao chefe de Estado, embora a Constituição japonesa não caracterize o imperador como chefe de Estado. É juridicamente impotente, não participa na política do Estado, mas influencia tradicionalmente a vida política e ideológica do país.

Atualmente, a sociedade moderna está cada vez mais interessada na Casa Imperial. A preservação única das tradições, a fé e o culto ao Imperador, a consciência nacional, a atitude do povo japonês em relação à sua pátria - desperta interesse não só entre os académicos, os políticos, mas também entre os amantes comuns de tudo o que é japonês. As perguntas mais comuns são: Como é que a nação se comporta atualmente? Acreditam sinceramente ou é uma formalidade para eles? Todas as questões de opinião pública mostram que não existe um sentimento anti-monárquico. Existem sentimentos acentuadamente pró-monárquicos (extrema-direita), mas são muito poucos. A cultura não coloca esta questão: precisamos ou não de um imperador? Ele está lá e pronto. É um dado adquirido e as pessoas não reflectem sobre isso. E o sistema fiscal? Afinal, verifica-se que o povo apoia efetivamente o imperador, pagando impostos para a sua manutenção. E, neste domínio, não há dúvidas. Está tudo na ordem do dia. Todos os japoneses consideram que é seu dever servir o imperador. Antigamente, entregava parte da sua colheita ao tesouro da Casa Imperial, hoje paga impostos.

A próxima questão de interesse é saber que tipo de educação recebe o futuro imperador. Onde é que ele recebe a sua educação primária, será que depois vai para a universidade? A educação escolar é feita em casa. Mais tarde, vai para a universidade no Japão. A questão continua a ser pertinente: o imperador é acessível ao cidadão comum? Tradicionalmente, o imperador não podia ser visto. Durante muito tempo, foi proibido vê-lo. A proibição é bastante forte. A proibição é bastante forte. E vem da mais profunda antiguidade. Até se conservam lendas que dizem: "fulano de tal tornou-se rei e desde então ninguém o vê". Os chineses, no século VI, testemunharam os japoneses dizerem que o seu governante dorme durante o dia e está acordado à noite. A escuridão na cultura tradicional é companheira da invisibilidade. Hoje em dia, como é óbvio, as coisas não são tão rigorosas. O imperador aparece muitas vezes no ecrã da televisão. Mas, ainda assim, a sua voz raramente pode ser ouvida. A proibição de os meros mortais o poderem ouvir falar só foi levantada depois da guerra, quando o Imperador Shōwa se dirigiu à nação pela rádio. Foi nessa altura que as pessoas ouviram a sua voz pela primeira vez. Antes disso, quase ninguém tinha ouvido a voz do Imperador. [34, c.3]

Parlamento do Japão, sua estrutura. Métodos de aprovação de leis.

De acordo com a Constituição, o único órgão legislativo do Japão é o Parlamento.

Estrutura do Parlamento. O parlamento japonês é composto por duas câmaras, a Câmara dos Representantes (inferior) e a Câmara dos Conselheiros (superior), que são eleitas pelos métodos acima referidos. A Câmara dos Representantes é eleita por um período de 4 anos e é composta por 500 membros (511 até 1996). A Câmara dos Conselheiros é composta por 252 conselheiros eleitos por um período de 6 anos, mas com uma rotação de metade de três em três anos. A Câmara dos Representantes pode ser dissolvida antecipadamente por um ato do Imperador a pedido do Governo (Conselho de Ministros), enquanto a Câmara Alta não pode ser dissolvida.

Os deputados e os vereadores têm um mandato livre e gozam de uma imunidade parlamentar limitada: não podem ser detidos durante uma sessão e, se forem detidos antes da sessão, devem ser libertados durante a mesma a pedido da câmara em causa. No entanto, um deputado pode ser expulso em qualquer altura de qualquer câmara por uma resolução da maioria dos membros da câmara presentes (desde que exista quórum). Os deputados e os vereadores beneficiam de uma indemnização, são parlamentares profissionais e recebem uma remuneração do erário público.

A estrutura interna das câmaras é semelhante, sendo determinada pela Lei do Parlamento e pelo regulamento interno das câmaras. Cada câmara elege um presidente, um vice-presidente, um presidente temporário (que preside às sessões quando os dois primeiros funcionários não podem exercer as suas funções), os presidentes dos comités permanentes (comissões) e um secretário-geral da câmara (este último é eleito de fora do parlamento e ocupa-se de questões organizacionais) para todo o mandato. As facções partidárias estão estabelecidas nas câmaras e desempenham um papel decisivo na atribuição dos cargos de direção das câmaras e de outros cargos, bem como na atribuição dos deputados às comissões permanentes. Existem 18 comissões especializadas permanentes na Câmara dos Deputados e 16 na Câmara dos Vereadores. O seu perfil corresponde geralmente a várias esferas da vida pública e da administração (comissões dos negócios estrangeiros, da agricultura, etc.); no Japão, estão estreitamente ligadas ao trabalho dos ministérios competentes, à burocracia, embora tenham o direito de controlar o trabalho dos ministérios. Cada deputado é obrigado a ser membro de uma ou duas comissões. O presidente da comissão é eleito pela fação partidária com maior representação na comissão, mas na prática isso é decidido antecipadamente durante a divisão da presidência durante as negociações entre os líderes das facções.

As comissões realizam dois tipos de reuniões: de trabalho e gerais. As primeiras tratam das questões mais importantes e contam normalmente com a presença do Ministro e, por vezes, do Primeiro-Ministro ou de outro alto funcionário. As reuniões gerais tratam de questões menos importantes e contam mais frequentemente com a presença de secretários parlamentares (vice-ministros que representam o ministro no parlamento). Tal como noutros países, as comissões no Japão desempenham um papel decisivo na apreciação dos projectos de lei e o seu destino é geralmente predeterminado pela decisão da comissão.

Cada câmara tem gabinetes legislativos - um órgão interno especial que assiste os deputados no seu trabalho sobre os projectos de lei e controla a aprovação dos projectos de lei do governo. Os gabinetes têm o seu próprio aparelho, com vários gabinetes dotados de funcionários públicos profissionais. Esta forma de funcionamento assegura, uma vez mais, uma estreita ligação entre o parlamento e a extensa burocracia japonesa.

As câmaras têm secretariados compostos por não parlamentares, chefiados pelo secretário-geral da câmara. Existem vários serviços de investigação, de referência e administrativos ao serviço dos deputados e dos vereadores, bem como uma grande biblioteca onde mais de 150 funcionários trabalham na preparação de vários materiais de investigação e de referência a pedido dos deputados.

Poderes do parlamento. A principal tarefa do parlamento japonês, bem como dos parlamentos de outros países democráticos, é a legislação, nomeadamente a determinação das receitas e despesas do Estado - o orçamento do Estado. A Constituição estipula que o parlamento é o único órgão legislativo, o chefe de Estado (o imperador) não participa na legislação e não tem o direito de vetar as leis aprovadas.

No Japão, tal como em muitos outros países, a Câmara dos Representantes desempenha um papel importante no processo legislativo, uma vez que, em certos casos, os actos por ela aprovados se tornam leis sem o consentimento da Câmara Alta: a Câmara Baixa anula o veto da Câmara Alta, aprovando a lei através de um segundo veto por uma maioria de 2/3, com os votos dos presentes (o quórum no Japão é de 1/3 dos membros) e não dos membros gerais da Câmara. A câmara baixa tem outras vantagens.

A grande maioria dos projectos de lei no Japão, tal como noutros países, é apresentada à Dieta pelo governo (20 deputados ou 10 vereadores também podem apresentar um projeto de lei), mas no Japão isto acontece após um processo burocrático minucioso que continua durante as deliberações da Dieta. As leis são normalmente redigidas em departamentos ministeriais, após o que o projeto é passado para a liderança do ministério, chega ao ministro, vai para o Gabinete do Primeiro-Ministro (que é igual ao ministério), depois para o Primeiro-Ministro e só então, em nome do governo, é apresentado à Dieta. Mas mesmo depois disso, os projectos de lei ainda não são sujeitos a apreciação em sessão plenária, pelo menos sob a forma de uma primeira leitura. São tratados na mesa legislativa da câmara e, paralelamente, e muitas vezes até depois, na comissão permanente competente. Também aqui o projeto é submetido a um longo processo de estudo e aprovação (muitas vezes são criadas subcomissões especiais para estudar o projeto) e só depois de a comissão ter tomado uma decisão favorável é que é submetido à sessão plenária, onde é normalmente discutido em duas leituras (uma discussão na generalidade e, simultaneamente, uma discussão artigo a artigo com o relatório da comissão permanente e, em seguida, a aprovação na globalidade).

O projeto de lei é então enviado para a Câmara Alta, que deve aprovar ou rejeitar a decisão da Câmara Baixa no prazo de 60 dias. Se não o fizer dentro deste prazo, o projeto de lei é considerado rejeitado. Em caso de rejeição, a câmara baixa pode anular o veto da câmara alta nos termos acima referidos, mas pode também solicitar a criação de uma comissão de conciliação paritária (10 membros de cada câmara) ou a realização de uma sessão conjunta das câmaras. Se a comissão não conseguir apresentar uma opção de compromisso ou se esta opção não for adoptada pelas câmaras, a lei é considerada adoptada no texto da câmara baixa e é sujeita a publicação. Numa sessão conjunta das câmaras, a decisão é tomada por maioria de votos do número total de deputados, sendo que a câmara baixa, devido ao seu maior número, tem vantagem.

O projeto de lei orçamental, tal como noutros parlamentos, é apresentado em primeiro lugar à câmara baixa. A discussão do orçamento tem lugar com a participação obrigatória do Primeiro-Ministro e de todos os ministros. Os membros do público e os cidadãos podem participar na discussão deste projeto. Todos os cidadãos podem candidatar-se a participar no debate sobre o orçamento e o presidente da comissão parlamentar do orçamento seleciona normalmente várias pessoas de entre as que se candidataram a intervir no debate.

Se a Câmara dos Vereadores não aprovar a decisão orçamental adoptada pela Câmara Baixa do Parlamento (neste caso, a Câmara Alta tem 30 dias em vez de 60) e não se chegar a acordo numa sessão conjunta das câmaras, a lei orçamental, tal como alterada pela Câmara Baixa, é considerada adoptada.

A votação de projectos de lei e outras decisões no parlamento pode ser feita de várias formas: de pé (é feita a contagem dos votos), por voto secreto (os deputados recebem dois boletins brancos e azuis: o primeiro significa "a favor" e o segundo "contra"), por voto nominal (neste caso, o deputado anexa um cartão com o seu nome ao boletim de voto), por escrutínio (o presidente pergunta se há objecções e, se não houver, a decisão é adoptada; se houver objecções, é utilizada outra forma de votação). As votações e os debates no parlamento japonês são muitas vezes bastante acesos, com os deputados a envolverem-se frequentemente em lutas.

A lei adoptada é assinada pelo ministro responsável pela não execução e pelo primeiro-ministro e enviada ao imperador para assinatura. O imperador deve assinar a lei no prazo de 30 dias e publicá-la. A lei entra em vigor 20 dias após a sua publicação.

Dos outros órgãos supremos do Estado, o Parlamento japonês apenas forma o Governo (Gabinete): o Chefe de Estado é vitalício e o Supremo Tribunal não é formado pelo Parlamento. O parlamento (câmara baixa) exerce controlo sobre as actividades do governo fazendo perguntas nas sessões plenárias, convidando os ministros a participar nas reuniões das comissões permanentes, mas a principal forma de controlo é a interpelação, para a qual o Japão dispõe de um procedimento simplificado. Cada membro da Câmara Baixa tem o direito de apresentar uma interpelação por escrito (através do Presidente da Câmara). Se o Presidente recusar o recurso, o deputado pode recorrer diretamente ao plenário. A resposta oral ou escrita a uma interpelação deve ser dada no prazo de 6 dias e é efectuada uma votação sobre o resultado da resposta.

Os inquéritos parlamentares podem ser efectuados por qualquer câmara e são criadas comissões especiais para o efeito. Em alguns casos, o trabalho destas comissões levou mesmo à demissão (e posterior condenação) de primeiros-ministros considerados culpados de má gestão financeira e de suborno. Uma forma de controlo parlamentar é também a discussão geral da política governamental no início de cada sessão, quando o Primeiro-Ministro fala sobre a política governamental, seguido pelos Ministros dos Negócios Estrangeiros e das Finanças, que falam sobre as políticas dos seus departamentos.

Sessões e reuniões do Parlamento. As sessões ordinárias do Parlamento são convocadas uma vez por ano. Pode ser convocada uma sessão extraordinária a pedido de um quarto do número total de deputados de uma das câmaras (sendo a outra câmara igualmente obrigada a reunir-se) ou do Conselho de Ministros. Durante a dissolução da câmara baixa, o Conselho de Ministros pode convocar uma sessão de emergência da Câmara dos Vereadores, mas as medidas adoptadas nessa sessão são consideradas provisórias e tornam-se nulas e sem efeito, a menos que sejam aprovadas pela câmara baixa no prazo de 10 dias após a sua primeira reunião.

Para as reuniões das câmaras, é necessário quórum, ou seja, a presença de, pelo menos, 1/3 dos deputados. As reuniões das comissões permanentes são válidas com a participação de 2/3 dos seus membros.

O Governo do Japão, sua composição e processo de formação.

Gabinete de Ministros. O Gabinete é composto pelo Primeiro-Ministro, pelos Ministros (atualmente são 12) e pelos Ministros de Estado (são 8), que são geralmente conselheiros do Primeiro-Ministro (este pode também atribuir-lhes tarefas de gestão individuais e, por vezes, confiar-lhes mesmo a gestão de determinadas esferas da vida pública). Tradicionalmente, certos Ministros de Estado são responsáveis por determinadas unidades do Gabinete do Primeiro-Ministro. O Gabinete inclui ainda o Ministro do Gabinete (uma espécie de gestor dos assuntos públicos) e o chefe do Gabinete Legislativo, o órgão através do qual são aprovados todos os projectos de lei do Governo (no Japão, estes são preparados de forma muito meticulosa).

A Constituição exige que pelo menos metade dos ministros sejam eleitos de entre os deputados (na prática, todos os ministros são normalmente recrutados entre os deputados) e perdem o seu mandato parlamentar quando são nomeados ministros. Os ministros gozam de certas salvaguardas quando são processados: é necessário o consentimento do Primeiro-Ministro. No Japão, os ministros não são geralmente profissionais, mas sim políticos partidários. São frequentemente substituídos e não se dedicam a fundo aos assuntos dos seus ministérios. Os verdadeiros chefes de ministério são os chefes administrativos do pessoal do ministério. O papel da burocracia profissional no governo, tal como no parlamento, é grande.

O governo é formado pelas duas câmaras do parlamento (na realidade, a câmara baixa), mas é oficialmente nomeado por decreto do imperador. Em primeiro lugar, cada câmara do parlamento elege um candidato a primeiro-ministro (até 1993 era o líder do Partido Liberal Democrático, atualmente é o líder da coligação governamental). Uma vez que cada câmara tem o direito de nomear um primeiro-ministro, pode haver divergências entre elas. Em caso de desacordo, e se a câmara alta não nomear um candidato no prazo de 10 dias após o início da sessão parlamentar, a decisão da câmara baixa sobre a candidatura do primeiro-ministro é considerada a decisão do Parlamento. Normalmente, a câmara alta não propõe um candidato para além da câmara baixa, uma vez que é inútil. O Primeiro-Ministro eleito analisa as candidaturas a cargos ministeriais que lhe são apresentadas pelas várias facções do Parlamento. Na atribuição destes cargos, na determinação do seu número, no "peso" dos ministérios, a influência das diferentes facções é estritamente tida em conta. Todos os membros do Gabinete são aprovados por decreto do Imperador. Devem ser civis.

De acordo com a Constituição, o Conselho de Ministros desempenha as funções gerais de governação, incluindo o dever de aplicar fielmente a Constituição e as leis e de conduzir os assuntos do Estado. O Conselho de Ministros dirige a política externa, celebra tratados internacionais (que requerem uma aprovação parlamentar prévia ou posterior, consoante a sua natureza), dirige a função pública, submete o projeto de orçamento do Estado ao Parlamento, emite decretos para aplicar a Constituição e as leis (os decretos podem também incluir sanções penais, mas apenas com base nos poderes delegados por lei). O Conselho de Ministros decide sobre amnistias, indultos e suspensões de penas, bem como sobre a reintegração de direitos (este último poder estava principalmente relacionado com a decisão sobre a responsabilidade de várias pessoas no âmbito dos acontecimentos da Segunda Guerra Mundial). Os decretos do Conselho de Ministros são assinados pelo Primeiro-Ministro e pelo Ministro competente.

O Primeiro-Ministro ocupa uma posição decisiva no Governo, tal como o Chanceler na Alemanha. Nomeia e demite os membros do Conselho de Ministros, assegura a unidade das suas acções e regula as divergências entre os seus membros.

As reuniões do Conselho de Ministros são regidas pelos costumes, são fechadas ao público e as decisões são tomadas por unanimidade ou por consenso (sem objectores, mas não a favor) e não por votação.

O governo japonês criou uma vasta rede de órgãos consultivos que trabalham em estreita colaboração com organizações empresariais, sindicatos, universidades, membros do parlamento e funcionários públicos superiores. Recolhem várias informações, realizam peritagens independentes das decisões propostas e adoptadas e exercem um certo controlo sobre as actividades do aparelho burocrático.

Assim, atualmente, o Japão é um país em desenvolvimento dinâmico, o que se deve em grande parte à diligência natural e ao espírito empreendedor do povo japonês. A procura de tudo o que é novo e progressivo, a disponibilidade para adotar e melhorar as mais recentes conquistas mundiais - esta qualidade do povo japonês é, desde há muito, uma tradição nacional notável. O Japão moderno demonstra ao mundo uma experiência única de formação de um sistema político original. É um país que preza imensamente as tradições dos seus antepassados, possui um conservadorismo adequado e moderado e, ao mesmo tempo, avalia favoravelmente a experiência existente de construção do Estado legal acumulada pelo mundo moderno. A ideologia do Tennoísmo preserva a cor, as tradições e os costumes nacionais. Ao mesmo tempo, ajuda o país, no atual período de globalização, a absorver tudo o que é ocidental e novo, e a aprender a adaptá-lo no país de forma a preservar a caligrafia japonesa.

Conclusão

A ideologia do Estado é formada como um meio de auto-preservação dos povos, como um estímulo para o desenvolvimento, como uma base espiritual e moral para a unidade dos indivíduos na nação. A formação da ideologia do Estado coincidiu com os interesses, atitudes, tradições, historicamente formados, particularmente no Japão. Por outras palavras, a ideologia do Estado derivou do modo de vida das pessoas e correspondeu à sua compreensão da ordem mundial. Ao longo de mais de mil anos de história, a ideologia da instituição do poder monárquico passou por um percurso complexo de evolução - desde o culto do "imperador sagrado", passando por um notável enfraquecimento da sua influência na vida espiritual da sociedade no período das contendas medievais, até ao seu gradual renascimento nos tempos modernos como ideia central da consciência nacional. Durante este período, formaram-se ideias "transversais" relacionadas com as ideias sobre o papel da instituição do poder imperial na vida da sociedade, que começaram a ter uma influência direta na psicologia nacional, incluindo a consciência política das massas. Durante um longo período da Idade Média, o significado social da instituição do poder imperial foi determinado, em primeiro lugar, pelo prestígio religioso do tenno como clérigo supremo dos ritos xintoístas, o que levou ao estabelecimento na cultura política de uma tradição em que o chefe nominal da hierarquia não tinha poder real; era visto como uma força espiritual carismática que exercia o poder através do dever moral, e o poder supremo efetivo (shoguns) baseava-se num vasto aparelho administrativo de coerção. A instituição do poder imperial começou a servir para legitimar o poder dos governantes reais, enquanto a base para a preservação do poder imperial sacro no Japão medieval era a estabilidade da estrutura social tradicional. Isto não significa que o sistema político não tenha mudado, claro que mudou e se tornou mais complexo, mas houve um processo evolutivo de transformação das tradições, que é geralmente caraterístico do desenvolvimento da cultura japonesa. Os novos elementos foram sempre apenas acrescentados à estrutura antiga, mas nunca a destruíram. Gradualmente, os novos elementos, que foram sendo modificados à medida que se adaptavam à estrutura antiga, provocaram a reestruturação de todo o sistema. A base da ideologia do Estado é o reconhecimento do papel de liderança do Estado na vida da sociedade, tanto no sentido estrito do termo "Estado", como uma autoridade central forte, como no sentido mais lato, como um organismo poderoso, que se integra naturalmente na sua própria

a composição de cada indivíduo. A existência de uma ideologia de Estado é indissociável da religião. No caso do Japão, três religiões. O xintoísmo, o budismo e o confucionismo deixaram a sua contribuição indispensável para a consciência espiritual e moral do povo japonês. Como componente espiritual da vida das pessoas, a ideologia do Estado contém necessariamente certas atitudes morais e éticas que coincidem com as atitudes morais da maioria das pessoas, embora nalgum período do desenvolvimento da sociedade a ideologia do Estado possa ser imposta pela força. Além disso, a ideologia do Estado contém os princípios e ideias da organização económica da sociedade, cuja essência, na sua forma mais geral, pode ser expressa da seguinte forma: enriquecendo o Estado, enriquece-se a si próprio. O Estado no sistema de valores ideológicos actua como uma condição inevitável para a estabilidade do desenvolvimento da economia e da sociedade como um todo.

Passaram quase 70 anos desde a rendição do Japão militarista. A imagem social e económica do país mudou radicalmente. Mas, ainda hoje, a instituição do poder imperial é um elemento orgânico da realidade japonesa. A ideologia tenentista, na sua versão melhorada, é utilizada para justificar complexos sócio-mitológicos como "a empresa é uma família", "um homem dedicado à empresa", "o coletivismo à maneira japonesa" e outros elementos de paternalismo. A base para a formação de um psicótipo nacional unificado continua a ser as tradições originais e antigas da cultura política, sob a forma de um apelo às possibilidades ideológicas do "sistema imperial simbólico" para a consolidação da nação. Mas, ao contrário do que acontecia no período anterior à guerra, o estatuto "simbólico" do imperador permite-lhe servir mais eficazmente como guardião dos valores tradicionais da vida da imagem japonesa. Em ligação com os êxitos económicos do Japão e com a aspiração dos seus dirigentes de transformar o país numa potência mundial, verificou-se um aumento do sentimento nacionalista entre as massas mais vastas da população, o que permitiu à classe dirigente recorrer ao desenvolvimento e à propaganda da doutrina oficial do nacionalismo (incluindo, em grande medida, elementos do tennoísmo). É de salientar, no entanto, que esta doutrina não tem um carácter agressivo e expansionista. Os "novos" ideais nacionalistas, ajustados de acordo com os ditames da época, embora exteriormente seculares na aparência, ainda se baseiam em grande parte nas noções culturais e religiosas do tennoísmo anterior à guerra. A instituição do poder imperial ainda tem uma auréola de "santidade" aos olhos de certos segmentos da população. Por outras palavras, a consciência das massas no Japão contemporâneo continua a ser largamente suscetível ao simbolismo mitológico do culto imperial. O imperador desempenha a função de um símbolo espiritual-psicológico passivo, guardião dos valores morais e religiosos da nação. A intensificação das iniciativas governamentais para promover atitudes nacionalistas desde o início dos anos 80 é mais uma vez acompanhada pela utilização do poder mobilizador dos rituais xintoístas, com a sua orientação mística, para cultivar um sentimento de etnicidade única entre os japoneses. Estes rituais continuam a ser concebidos para assegurar a perceção inconsciente de estereótipos nacionalistas. A cultura japonesa, de acordo com os ideólogos modernos do tennoísmo, é interpretada como um espírito suprapessoal, e o guardião deste espírito é o imperador como chefe espiritual da nação. Nas condições da modificação da religião, a solidariedade moral unânime da sociedade deve ser assegurada com base não tanto na experiência religiosa como na experiência estética, perseguindo o mesmo objetivo de desenvolver um sentido de comunidade entre os japoneses. A cultura do Japão, da qual o imperador é proclamado guardião, serve de base para o renascimento de um sentido de camaradagem e de comunidade. Atualmente, estamos a assistir à criação de uma versão refinada e "cultural" do mito do Estado moderno do Japão.

Com base no exemplo da experiência japonesa de desenvolvimento do Estado, chega-se à conclusão de que a ideologia no Estado tem um lugar especial, que é a ideologia que ajuda o país a unir-se para atingir objectivos comuns e que nenhum fator externo pode desestabilizar este sistema. A ideologia do Estado é especialmente importante no Cazaquistão devido ao seu desenvolvimento histórico, ao passado soviético e à multietnicidade do seu povo.

O primeiro passo prático para a formação de uma ideologia de Estado poderia ser o desenvolvimento de um projeto de lei "Sobre o Estado". Este projeto poderia estabelecer as bases legais de: 1) os objectivos da existência do Estado; a interação entre o Estado, o povo e o indivíduo; 2) aprovar valores morais formadores do sistema, tais como: a proteção da honra e da dignidade da República; a proteção da honra e da dignidade do cidadão da República; os símbolos do Estado e a responsabilidade pelo seu abuso. É necessário elaborar projectos de lei que estabeleçam as bases legais para a formação do patriotismo, a responsabilidade do cidadão para com o Estado e do Estado para com a sociedade, a responsabilidade pela formação de um cidadão digno do país, a proteção e o incentivo aos talentos do país. E para tudo isto é necessária uma ampla propaganda, que una as ideias do povo num todo único e que ajude o país, na era da alta competição e da globalização, a resistir e a desenvolver-se para um futuro brilhante.

LISTA DAS REFERÊNCIAS UTILIZADAS:

1. Ozhegova S.I. e Shvedova N.Y. Dicionário explicativo da língua russa - M.: Izdvo "ITI Tekhnologii", 2006.-941s.

1.1 Remin V.N. Sistema político da sociedade japonesa moderna - M.: Izd-wo Nauka, 1992. - 216c.

3 D.P. Bugaeva D.P. Publicistas japoneses do final do século XIX. Moscovo: 1978.

4 Povos e Religiões do Mundo: Enciclopédia / Ed. por V.A.Tishkov. Editores: O.Y.Artemova, S.A.Arutyunov, A.N.Kozhanovsky, V.M.Makarevich (editor-chefe adjunto), V.A.Popov, P.I.Puchkov (editor-chefe adjunto), G.Y.Sitnyansky. - Moscovo: Grande Enciclopédia Russa, 1998 - 928 pp.

5 . Tosaka Jun ideologia japonesa.- M.: izdvo "Progresso", 1982.- 247c.

6 . Vasiliev L.S. História das religiões do Oriente. A estética Zen. O confucionismo no Japão. [Documento eletrónico]. (http://www.alleng.ru/d/relig/relig007.htm). Consultado em 19.06.2012.

7 Svetlov G.E. O Caminho dos Deuses (O Xintoísmo na História do Japão) - M.: Mysl, 1985.

8 Krupyanko M. I. e Areshidze L. G. Artigo - Japão: Ideologia do Nacionalismo de Estado

9 . Chugrov S.V. O Japão em busca de uma nova identidade - M.: editora "Literatura Oriental" RAS, 2010.-311 pp.

10 História e Cultura do Japão Tradicional - M.: Editora Natalis, 2010.-478s.

11 Sila-Novitskaya T.G. O Culto do Imperador no Japão - M.: Editora Principal de Literatura Oriental "Nauka", 1990 - 206 pp.

12 . Makovsky V.D. O Japão no limiar do século XXI - M.: INION, 1989.

13 Makarov A.A. O poder político no Japão: mecanismo de funcionamento na

fase atual - M.: Nauka, 1988.

14 Shaimardanova N.J. O problema da revisão constitucional - Almaty/Kzakhstna-Spectrum, 2007/4(42)

15 Shaimardanova N.J. A democracia no Japão - Almaty/ZAnalytic, 2009/5(51)

16 Molodiakova E.V. Japão: mudança de regime político - M.//Asia and Africa Today, 2010Z2

1. Eremin V.N. Sistema político da sociedade japonesa moderna - M.: Nauka, 1992 - 216 pp.

18. Pospelov B.V. Alguns aspectos da atividade ideológica do Estado burguês japonês na fase atual. [Documento eletrónico].

(http://ichiban.narod.ru/books/YAIKL/ikl02.html). Consultado em 19.06.2012.

19. Musikhin G.I. Análise discursiva das ideologias: oportunidades e limitações. //Estudos Políticos "Polis", 2011/5-175c.

20. O confucionismo no Japão.- Povos e religiões do mundo.- Enciclopédia, M.: 1998.- 845c.

21. Cultura Espiritual do Oriente - História da Filosofia Oriental, livro de texto, M. 1988 - 175 pp.

22. Anisimtsev N. Transparência da gestão administrativa e estatal: variante japonesa // Problemas de teoria e prática de gestão.- 2001.- №6

23. Handbook on Japan's civil service statistical overview/- janeiro, 1996.

24. Volgin N.A. Japanese experience in solving economic and socio-labour problems - M.: Ekonomika, 1998.

25. Vasiliev A.A. O sistema de governo autónomo local no Japão. //"MS NO", N.º 5-1995.

26. Reforma do sistema de administração pública: a experiência estrangeira e o Cazaquistão. Edição mais científica - Almaty: KISI sob a direção do Presidente da

República do Cazaquistão, 2005 - 276 pp.

27. Hijikata Kadeuo. "Nihon bunka ron" to tennosei ideoorogi ("Teoria da Cultura Japonesa" e a Ideologia do Sistema Imperial) - Tóquio, 1983.

28. Nihonjin no shiso to kodo (pensamento e comportamento japonês) - Tóquio, 1973

29. Takahashi H. Vossa Majestade, permita-me que me dirija a vós - Tóquio, 1988.350c.

30. Molodiakova E.V., "Unordinary" Democracy in Japan. // Japão: mitos e realidade.- M.: Izd.firm "Literatura Oriental" RAS, 1989.- p.160178

31. Huntington S..O choque de civilizações. // Polis.-1994.№1.-p.33-5

32. Meshcheryakova A.N. "O Livro dos Símbolos Japoneses". [Documento eletrónico]. (http://www.japantravel.ru/rus/japan/147/document1762.htm). Verificado em 19.06.2015.

33. Hijikata Kadeuo. Teoria da Cultura Japonesa" e a Ideologia do Sistema Imperial - Tóquio, 1983.

34. OKNOY AO JAPÃO - Boletim da Sociedade "Rússia-Japão", nº 41, 16.11.2003 [Documento eletrónico]. (http://ru-jp.orgru-jp@nm.ru). Consultado em 19.06.2015.

ver Armstrong 1982; Seton-Watson 1965; Connor 1994; Horowitz 1985; Anderson 1991; Hobsbawn 1990). (ver Heywood 2007 para mais informações sobre este assunto).

MIX
Papier aus verantwortungsvollen Quellen
Paper from responsible sources
FSC® C105338

Printed by Books on Demand GmbH, Norderstedt / Germany